名师名校名校长

凝聚名师共识
圆在名师关怀
打造名师品牌
培育名师群体

初中英语教学探索与实践

车蓓蓓 / 著

中国出版集团 现代出版社

图书在版编目（CIP）数据

初中英语教学探索与实践 / 车蓓蓓著. — 北京：现代出版社，2022.11

ISBN 978-7-5231-0004-2

Ⅰ.①初… Ⅱ.①车… Ⅲ.①英语课—教学研究—初中 Ⅳ.①G633.412

中国版本图书馆CIP数据核字（2022）第220814号

初中英语教学探索与实践

作　　者	车蓓蓓
责任编辑	张红红
出版发行	现代出版社
地　　址	北京市安定门外安华里504号
邮政编码	100011
电　　话	010-64267325　64245264
网　　址	www.1980xd.com
印　　制	北京政采印刷服务有限公司
开　　本	710mm×1000mm　1/16
印　　张	10.25
字　　数	164千字
版　　次	2022年11月第1版　2022年11月第1次印刷
书　　号	ISBN 978-7-5231-0004-2
定　　价	58.00元

目录

第一章
初中英语教学理论基础

01

第一节　初中英语教学策略的内涵

一、教学策略的含义

教学策略是指在教学过程中，为完成特定的目标，依据教学的主客观条件，特别是学生的实际，对所选用的教学顺序、教学活动程序、教学组织形式、教学方法和教学媒体等因素的总体考虑。也就是说，教学策略是指在教学过程的各个环节所采用的指导思想和方法。

教学策略是为实际的教学服务的，是为了达到一定的教学目标和教学效果，目标是整个教学过程的出发点。教学策略的选择行为不是主观随意的，而是指向一定目标的。业已做出的选择行为在具体的情境中会遇到无法预测的偶然事件，为了达到特定的目标，教师个体需要对选择行为进行反思，继而做出再选择，直至达到目标。因此，任何教学策略都指向特定的问题情境、特定的教学内容、特定的教学目标，规定着师生的教学行为。放之四海而皆准的教学策略是不存在的。只有在具体的条件下，在特定的范畴中，教学策略才能发挥出它的价值。当完成了既定的任务，解决了想解决的问题时，一项策略就达到了应用的目的，与其相应的手段、技巧则不再继续有效，这时就必须探索新的策略。

二、教学策略的特点

教学策略具有整合性、可操作性、灵活性、可调控性、层次性等主要特点。

教学过程是一个各要素之间相互联系、相互作用的整体，其中的任何一个子过程都会牵涉到其他过程。因此，在选择和制定教学策略时，必须统观教学的全过程，综合考虑其中的各要素；在此基础上全面安排教学进程和师生相互作用的方式，并在实施过程中及时地反馈、调整。

任何教学策略都是针对教学目标的某一具体要求而制定的，具有与之相对应的方法、技术和实施程序。从这个角度来说，教学策略就是为达到教学目标而采取的具体的实施计划或实施方案。教学策略需要转化为教师与学生的具体行动。这就要求教学策略是可操作的，没有可操作性的教学策略是没有实际价值的。任何教学策略都应该是针对教学目标中的具体要求而形成的，具备相对应的方法和技巧。

教学策略不是万能的，不存在一个能适应任何情况的教学策略。同时，教学策略与教学问题之间的关系也不是绝对的对应关系，同一策略可以解决不同的问题，不同的策略也可以解决相同的问题。这说明教学策略具有灵活性。教学策略的灵活性还表现在教学策略的运用要随问题情境、目标、内容和教学对象的变化而变化。在教学过程中，不同教学策略面对同一学习群体会产生不同的效果，即便是采用相同的教学策略教同样的内容，对不同的学生也会产生不同的教学效果。

由于教学活动元认知过程的参与，教学策略具有可调控的特性。元认知表现为主体能够根据活动的要求，选择适当的解决问题的方法，监控认知活动的进程，不断取得并分析反馈信息，及时调控自己的认知过程，维持与修正解决问题的方法和手段。教学活动的元认知就是教师对自身教学活动的自觉意识和自觉调节，教师能够根据对教学的进程及其各种要素的认识和反思，及时把握教学过程中的各种信息，及时反馈和调整教学的进程及师生相互作用的方式，推动教学进程的展开，向实现教学目标迈进。

三、教学目标的设计及选择

教学具有不同的层次，如学科、单元、主题、话题等。不同的教学层次有不同的达到教学目的的手段和方法，也就有不同的教学策略。不同层次的教学策略具有不同的适用条件和范围，具有不同的功能。另外，不同层次的教学策略之间，尤其是相邻层次的教学策略之间是相互联系的，高一层次的教学策略可分解为低一层次的教学策略，指导和规范低一层次的教学策略。

实现教学目标的过程必然包括对策略的设计和选择，但实现整个教学目标的总体方案主要属于教学设计的范畴。可见，教学策略是教学设计的重要组成部分，教学策略既有观念驱动功能，又有实践操作功能，是将教学观念、教学模式转化为教学行为的桥梁。教学设计和教学策略各有自身的内涵，在具体内容或编写环节上有交叉或重叠部分。教学设计是教学活动开展前的准备工作，是对整个教学活动的计划和安排，其结果或文字表达形式是教学活动方案。教学策略自然要在教学准备阶段进行设计、谋划，形成一定的方案，但它不只是方案，更要在具体的教学活动中展开。进行教学设计时必然要考虑教学策略的制定、选择和运用，而进行教学策略的选择与运用又必须全盘考虑教学的整体设计。教学设计一旦完成就相对定型了，它可以是对整节课或整个单元的设计，也可以是对整个科目的设计。教学设计包括的范围比较广，而教学策略的运用范围和时空范围则比较窄，一般主要集中在某一课时、某一内容的范围内，并且具有较强的灵活性。

教学策略的内涵是：在特定的教学任务中，为了提高教学的实效性，在某种教学观念、理念和原则的指导下，根据教学条件的特点，对教学任务的诸要素进行的系统谋划以及根据谋划在执行过程中所采取的具体措施。

无数英语教学事例告诉我们，在英语学习上无捷径可走，但有方法可寻。科学的方法，可以使我们的英语学习达到事半功倍的效果，而这就需要在教学上有所突破。除了教师本身过硬的专业知识和能力外，还需要在学习者的身心状态、教学素材的收集准备、教学方法及教学艺术的运用等方面有实质性的改善。这就是初中英语教学策略内涵的最佳体现。

（一）兴趣是学好英语的前提

古人云："知之者不如好之者，好之者不如乐之者。"兴趣是最好的老师，它能唤起学生的好奇心和求知欲。兴趣爱好比智力和技能更能促进学生勤奋学习，是学好英语的首要条件。因为只有Love what you do（爱你所做的事），才会Get what you love（得到喜欢的）。对于初中学生来说，如何在英语教学中培养和发展学习兴趣呢？让学生体验成功是教师进行兴趣培养的重要策略。心理学者告诉我们，一个人只要体验一次成功的喜悦，便会激起无休止的追求意念和力量。教师要经常研究学生的学习心理，观察学生的学习行为，在教育教学中不断激发和维护学生的学习兴趣，采用科学、有效的教学手段，保证学生学有所得、学有所乐，变"要我学"为"我要学"，以最大的热情投入英语学习，从而最大限度地提高教育教学质量。教师要充分利用学生的成功愿望，在课堂教学中争取让每个学生都能得到成功的体验，使每个学生在不断获得成功的过程中产生愉悦感，产生获得更大成功的愿望。

（二）模仿是学好英语的基础

要想学好英语，就要掌握好每一个音素，千万不要认为发音标不标准无所谓，这一关攻不下，就会影响其他方面的学习。有位成功人士谈他学英语的秘诀时说：我没有什么特别之处，外国人怎么说，我就怎么说；外国人怎么写，我就怎么写。世界闻名的英语专家亚历山大也为英语学习下了这样的定义：语言是一种表演技巧，我们在思考语言的时候，不是考虑我们对它了解多少，而是我们能把它表演多好，我们能把它用多好。说到底，学英语就是模仿那种腔调，那种味儿。我们常说，Well begun is half done（良好的开端是成功的一半），学英语一定要有一个好的开端。当然，这对教师也是一个极大的挑战。只有教师说得标准，让学生听着舒服，学生才会有更多模仿的欲望，所以教师也要不断提高自己的专业水平。

随着科技的发展和信息技术的普及，计算机在教育领域起着越来越重要的作用。一些多媒体的应用，可以让学生更深刻地体会甚至感受到一些动态的文件，更真实地刺激学生的多种感官，让他们感受得更真切，理解得更深刻，模仿得更有特点、更有真实性，从而得到更多的乐趣，进而提高对英语的学习兴趣。

（三）氛围是学好英语的途径

中国有句老话叫"秀才不出门，便知天下事"。在家看一部电影就好比在美国生活了一天。这些话就是告诉我们学语言离不开环境，但是学生在学校接触真实英语的机会非常有限，他们语言学习的主要环境就是课堂，所以教师绝不能吝啬口语训练的时间，不能为了完成教学任务而随意删减教材中提供的口语练习，要安排足够的时间让学生进行语言实践，充分利用教材的优势，组织并设计好Group discussion（小组活动）和Interview（采访）等各种口语活动，创设一个近似自然的语言环境，用与日常生活相关的小对话，如起居、节假日、生日聚会、拜访、打电话、看病、购物、体育活动等，使学生有身临其境的感觉，在乐趣中学习，在娱乐中获益。有的学生想在课堂上有好的表现，课前势必会积极准备，把生活引入课堂，再把课堂上学到的知识延伸到生活中。这样，学生就无时无刻不在感受英语，训练英语口头表达能力。

第二节　初中英语教学策略与有效教学

一、中西方学者对有效教学的解释

（一）目标取向的定义

有效教学是指教师通过一系列变量促进学生取得高水平学习成就的教学。有效教学总是着眼于教学目标的达成。也有的学者认为，有效教学就是引导学生积极参与智力学习的教学，就是能够激发学生的学习欲望，促进学生积极地掌握知识以及团队合作和解决问题的技能，提高学生的批判性思维能力，让学生建立终身学习态度的教学。还有的学者认为，有效教学就是指学生在教师的指导下成功地达到了预定学习目标的教学。从本质上讲，要实现有效教学，教师就要先明确应该促进什么样的学习，然后提供给学生相关的学习经验。不难看出，着眼于目标取向的定义重点强调的是预期的教学目标的达成。换句话说，判断有效教学的标准是教学目标达成的程度。

（二）技能取向的定义

对有效教学的界定更多地从教学的复杂性和教师教学技能的角度出发，所以对有效教学的理解应从两个方面进行：其一，有效教学是复杂的智力的要求和社会性的挑战；其二，有效教学是由一系列可获得的、可改进的和可发展的教学技能来完成的。有效教学是一种智力的要求，它需要教师对所教学的学科内容有广泛而深刻的把握。教师要有效地开展教学，就必须具备良好的思维能力、解决问题的能力、对所教主题内容进行选择与分析的能力、对是否运用了恰当的教学策略的反思能力、选择优化的教学策略和合理的教学材料的能力以及组织和建构自己的观点、信息和任务的能力等。所有这些都不是在真空中发生的，而是真实教学情境的要求。有效教学是一种社会性的挑战，因为它不仅发生在一定的组织机构之中，而且发生在对传统教学目的和教学价值观的挑战之中。更重要的是，有效教学需要教师充分地了解学生的知识背景，能与学生进行深入的交流和沟通，能够刺激学生积极地学习与思考，进而提出有价值的或挑战性的问题。

（三）成就取向的定义

随着20世纪80年代末期英、美等国政府和民众对提高学生学术成绩的强烈呼声，通过有效的教学提高学生学习成绩的研究进一步增多。美国国会要求各州都将提高学生的学术成绩放在重要的位置，并尽量做到不让一个学生的学习成绩落后。在英国，目前通过有效的数学教学提高学生数学成绩的标准已被提上了国家的重要议事日程。这就促使研究者更多地将目光放在有效教学与学生成绩的关系的研究上。

我国学者从20世纪90年代开始研究有效教学。目前，国内典型的研究是把课堂的有效教学分为基础性与发展性两个维度。基础性维度包括教师是否能把握教学内容的定位，是否注重个别差异，表述（包括言语概念式表述、案例领悟式表述和图示结构式表述）是否清晰，是否有效地利用教育资源。发展性维度包括教师是否能灵活运用、选择和编制教学计划，是否能运用启发的方式使学生积极投入课堂教学（如开放性提问、适当的幽默、鼓励冒险精神等），课堂教学能否体现互动和开放的要求，能否尊重学生、唤起学生的自律意识以及是否具有科学思维和创造性。

成就取向的有效教学是指通过教师一段时间的教学，学生所获得的具体的进步和发展，即学生有无进步和发展是教学有没有效益的唯一指标。教学有没有效益，并不是指教师有没有教授完教学内容或教得认不认真，而是指学生有没有学到什么或学得好不好。如果学生不想学或者学了没有收获，即使教师教得很辛苦也是无效教学。同样，如果学生学得很辛苦，但没有得到应有的发展，也是无效或低效教学。综合以上观点，有效教学应包括以下内容：在教学实践中，通过一段时间的教学，教师帮助学生完成了教学任务，学生获得了预期的、应有的进步和发展。在教学评价上，标准只有一个，那就是学生是否取得了预期的、应有的、具体的进步和发展。"预期的"是指学生所期望的、教师在教案中设计好的、符合课程标准和素质教育要求的目标与任务。"应有的"是指学生力所能及的、应该达到的"进步和发展"目标。学生的基础和能力水平不同，在同一节课中获得的"进步和发展"也不尽相同，只要是取得了自己应有的"进步和发展"就算有效教学。"具体的"是指学生在每个学科上获得的进步和发展。

二、初中英语有效教学的内涵

对初中英语有效教学内涵的理解是建立在初中英语教学目标、初中英语课堂教学的特点和初中学生学习英语的特点基础之上的。

初中英语教学的任务是激发和培养学生学习英语的兴趣，使学生树立自信心，养成良好的学习习惯，形成有效的学习策略，发展自主学习能力和合作精神；使学生掌握一定的英语基础知识和听、说、读、写技能，形成一定的综合语言运用能力；培养学生的观察、记忆、思维、想象能力和创新精神；帮助学生了解世界和中西方文化的差异，开阔视野，培养爱国主义精神，形成健康的人生观，为终身学习和发展打下良好的基础。

初中英语教学的总体目标是培养学生的综合语言运用能力，而这一能力的形成是建立在学生的语言知识、语言技能、情感态度、学习策略和文化意识等素养整体发展的基础之上的。语言知识和语言技能是综合语言运用能力的基础；情感态度是影响学生学习和发展的重要因素；学习策略是提高学习效率，发展自主学习能力的保证；文化意识是得体地运用语言的保证。这五个方面共同促进学生综合语言运用能力的形成。

基于此，初中学生应达到的具体的教学目标可分解为：有较强的英语学习动机和积极主动的学习态度；能听懂教师有关所熟悉的话题的陈述并参与讨论；能就日常生活中的各种话题与他人交换信息并陈述自己的意见；能读懂适合中学生阅读的简单读物和报纸杂志，克服生词障碍，理解大意；能根据阅读目的运用适当的阅读策略；能根据提示起草和修改小作文；能与他人合作解决问题并报告结果，共同完成学习任务；能对自己的学习进行评价，总结学习方法；能利用多种教育资源进行学习，进一步增强对文化差异的理解与认识。

三、初中英语有效教学的策略

"策略"是指教师为实现教学目标或教学意图而采用的一系列具体的解决问题的行为方式。有效教学需要教师掌握有关的策略性知识，以便自己在面对具体的情景时做出决策，形成有效的教学模式。

（一）运用合作学习的有效教学策略促进学生的进步和发展

合作学习是20世纪70年代兴起于美国的一种教学理论与策略体系。它以教学中的人际合作和互动为基本特征，指学生在小组或团队中为了完成共同的任务，有明确的责任分工的互助性学习。

英语教学中的合作学习是指由教师分配学习任务和控制教学进程，在英语课堂教学活动中，为使师生之间、学生之间更有效地进行语言交际，教师把全班学生分成人数不等的若干小组，让学生在教师的指导下，合作开展小组内或小组间的英语实践活动，从而完成学习任务，达到教学目标的一种全方位的学习活动。

英语教学需要给学生提供较多的语言实践机会，但我国目前的学校普遍具有班额大、学生多的特点，再加上新教材教学任务重、课时紧，教师在有限的课堂时间内难以让每位学生都获得足够的"说"的机会，无法真正做到面向全体学生，让他们真正参与到活动中来。而小组活动是解决这一难题的有效方法之一，学生围绕教师所给的话题进行交流活动，或学习语言知识，或发表个人见解，或通过讨论获得某个问题的答案，这样教师提供给每名学生的发言机会将增加几倍，从而大幅度地增加学生的语言实践活动量。另外，合作学习不同于强调竞争的班级授课，它使竞争环境转向合作环境，能培养学生与他人合作的能力，还能使课堂具有一种宽松、和谐和民主的氛围。这种学习环境能够有效地激发学生积极参加实践的热情，培养他们的参与意识，尤其能消除那些性格胆怯或有自卑感的学生的心理障碍，使他们享受到成功的喜悦，重拾自信，从而达到面向全体学生施教的目的。

由此可见，合作学习是英语课堂教学中一种主要的、有效的教学策略。

（二）运用对话教学与情境教学策略促进学生的进步和发展

英语课程标准强调基于语言习得的教学环境的研究成果。课堂中师生和学生之间的互动与交际有助于学生运用语言，学生在完成任务的过程中习得语言，并最终达到掌握语言的目的。有效的英语课堂教学应具有"变化性情境互动"的各项活动，让学生在完成任务的过程中进行对话性互动，进而实现语言习得。

"创设情境"是指有目的地引入或创设以形象性为主体的生动具体的情境，如通过演示实物、身体语言、播放声像资料等进行生动形象的描绘，把学生带到特定的课堂艺术境界中，以引起相同的情感体验，在较短的时间内激发学生的情感，达到预期的教学效果。

（三）运用任务型教学策略促进学生的进步和发展

近年来，基于多元智能理论研究提出的任务型教学策略在英语阅读教学中得到了较为广泛的应用。任务的设计一般应遵循下列原则：任务应有明确的目的；任务应有真实的意义，即接近现实生活中的各种活动；任务应涉及信息的接收、处理和传递等过程；学生应在完成任务的过程中使用英语；学生应通过做事来完成任务；完成任务后一般应有一个具体的成果。教师在设计教学任务时，可以根据不同学生的情况设计不同的任务，使所有学生都能进步。此外，通过设计不同的任务，可以促进学生思维能力、想象力、协作和创新精神等的发展。

（四）运用教学评价策略促进学生的进步和发展

教学评价策略是初中英语有效教学策略的重要组成部分，它是对课堂教学活动过程与结果做出的一系列价值判断行为。由此可见，它不是在教学活动之后进行的一种孤立的、终结性的评价，而是贯穿整个教学活动始终的行为。教学评价策略包括对学生学业成就的评价与对教师教学活动的评价。

学生学业成就的评价是指根据一定的标准，对学生的学习结果进行价值判断的活动，即诊断学生是否达到教学目标及其达到的程度，它是衡量教学是否有效的重要指标。对学生的评价主要采用形成性评价，评价内容多元，不但注重评价学生掌握英语知识和技能的水平，更注重评价学生的学习态度、兴趣、课堂参与度、合作精神、学习策略等，并使其与终结性评价相结合，最终判定学生的进步和发展情况。评价的主体也呈现多元性，在合作学习教学和任务型教学中，变单一的教师评价为教师评价、学生自我评价和学生相互评价相结合，使学生由被动受试者变成评价的主动参与者，提高了学生的学习兴趣，调动了学生的主动性、积极性和自觉性，增强了学生的自信心，激发了学生的创造性，使学生的综合素质得到进步和发展。

第三节　初中英语教学策略的探究

一、初中英语教学策略的设计原则

（一）以学生原有的知识经验为基础

奥苏伯尔（Ausubel）的"有意义接受学习"理论强调的一个观点是，有意义学习的过程即新旧知识相互作用的过程，对学习新知识影响最大的因素是学习者已经知道了什么。这一理论对课堂教学策略设计的启示在于：教师在设计课堂教学策略前，一定要通过各种途径考查并了解学生"已经知道了什么"，包括学生原有的认知水平、知识经验（尤其要关注与将要学习的内容相关的知识经验）、学习潜能、学习需求等因素，这些因素决定着教学的起点，是课堂教学策略设计时首先要考虑的因素。

（二）帮助学生构建学科知识体系

美国教育学家布鲁纳（J.S.Bruner）的结构主义教学理论要求教师在设计课堂教学策略时有意识地帮助学生构建学科知识体系，具体包括：第一，学生要学习和掌握学科的基本结构，就需要掌握该学科知识的基本概念、基本原理等学科结构的基本要素，因此在设计课堂教学策略时就要把掌握基础知识和基本技能作为首要目标；第二，应随着学生知识的增长、认知水平的提高，不断拓展和细化学科的基本结构，即在课堂教学策略设计时，教师要清晰地了解学科逻辑结构，注意知识点之间的内在联系以及某个知识点在整个学科结构中的位置，以学科知识体系为中心，有计划地安排教学内容，合理地设计教学目标的实现顺序，使学科知识体系在学生的头脑中逐步成形，以便学生更好、更快、更深刻地掌握学习内容。

（三）预设与生成相结合

社会建构主义理论认为，知识是在个体之间的互动交流中建构的，学生的学习不是简单地输入新信息，而是在原有经验的基础上在不断地质疑、切磋、沟通中对新知识进行重新整合和意义建构。因此，在师生或生生互动中，学生随时会产生疑问，从而使课堂上存在很多"变数"和不确定性，这些"变数"和不确定性并不是都可以在课前预设的，大多数是在课堂教学过程中动态生成的。所以，教学策略的设计应该做到预设与生成相结合，要在课前精心预设，充分考虑到课堂上可能发生的情况，预测学生对某个问题可能会怎么想。同时，教学策略的设计要有一定的弹性，给有效生成留足空间，达到预设与生成的平衡。

（四）促进学生的一般发展

一般发展是赞可夫（Занков Леонид Владимирович）发展性教学思想的核心概念。根据一般发展理论的内涵和原则，其对教学策略设计的启示在于要将学生的发展而非单纯地传授知识与技能作为教学的首要任务，具体包括：第一，教学策略既要重视智力因素的发展，如观察力、想象力、思维力等的发展，也要重视非智力因素的发展，如情感、意志、性格等方面的发展；第二，设计教学策略时要以全体学生为对象，与大部分学生的水平相适应，同时要有一定的层次性，根据学生的个体差异，设计出层次各异的目标。

此外，赞可夫的一般发展教学理论在一定程度上对应了新课程的三维目标，一般发展要以三维目标的整合为基础，三者相互融合、缺一不可。教师在进行教学策略设计时应做到对三维目标的整合，所设计的目标应有利于学生的全面发展，尤其是思想品德和思维品质的发展。

（五）以学生为中心进行全人的教育

以美国人本主义心理学家罗杰斯（C.R.Rogers）的有意义接受学习理论为依据，教师在设计课堂教学策略时要始终做到以学生为中心，并有助于促进学生健全人格的形成。这一思想主要包括以下几点：第一，要把学生视为课堂教学活动的主体，高度重视学生的需要、动机、兴趣、经验等；第二，将设计出的课堂教学策略以暗示或明示的方式让学生了解，并使学生认为通过学习有助于达到这一目标，这样有意义学习就会发生，学习效率就得以提高；第三，为了促进健全人格的形成，教学策略的设计要涉及全人的发展，包括理智的成长和情感的发展，既要包括发展理智所需要的知识和技能，也要包括培养学生情感智慧所需要的方法和途径等，尤其要强调对情感态度与价值观的培养。总之，课堂教学策略的设计应涉及精神意义层面，挖掘出知识中所蕴含的教育价值。

按照以上依据基本确定教学策略的大致内容和方向后，下一步就是对这些目标进行分类设计。

二、初中英语教学策略的分类设计

三维目标是我国目前较有影响力的一种课程目标分类模式。尽管课程目标是课堂教学策略设计的主要依据，但课程目标是具有指导性的总体目标，需要通过长期的教学实践活动才能得以实现。在教学过程中，课程目标（这里具体指三维目标）需要被转化为具体的、便于操作的课堂教学目标，在每个单元以及每节课的课堂教学实践中逐步完成，最终实现总体课程目标。

（一）知识与技能的设计策略

知识目标的确定，要建立在对英语课程标准、教材内容以及学生需求分析的基础上。首先，要对英语课程标准和教材内容进行分析，从中领悟要教授的知识点。对英语课程标准中"内容标准"的要求要有准确的认识，它是设计知识目标最主要的依据；教材内容是根据课标编写的，教师要把握教材中的提示，敏锐而准确地捕捉到教学的重点。其次，要对学生的现有水平和学习需要进行分析，从学生的角度选择教学知识点。第一，教师要在有限的时间内教给学生"最有用"的知识。课标指出要重视英语基础知识的学习，所以教师应选择基础性的、少而精的知识点以及典型性的例子。同时，教师应善于把握教学重难点，紧紧围绕教学重点进行知识目标的设计。第二，学生的学习需求包含多个方面。知识点的选择一方面要达到课程标准所规定的要求，如需要识记或运用的单词、句型、语法、文化背景等知识点；另一方面要满足提高学生文化素养的需求，充分考虑学生的兴趣和个性发展。第三，英语学科的知识点烦琐庞杂，如果没有形成一个知识框架把这些零散知识点串联起来，那么学生很容易就会忘记或者混淆这些知识点。因此，教学知识点的设计应该考虑到学生知识结构的建立，结构化的知识既有利于学生记忆，又便于学生发现新知识，加深对知识的理解。

知识与能力是紧密联系的统一体，二者相辅相成：知识越丰富，越有利于能力的培养；能力越强，越能促进知识的掌握。因此，教师可以在知识教学中培养学生的能力。那么，具体应该怎样确立英语课堂教学中的能力目标呢?

首先，要善于挖掘知识中隐含的能力因素，重点培养学生的语言能力。英语语言能力主要包括口语交际、写作、阅读等方面的能力，其中包含语言表达能力、语言运用能力、语言分析能力及归纳总结能力等。而这些能力目标的达成，需要根据不同的知识类型设计相应的课堂活动，让学生在活动参与过程中逐渐形成一定的语言能力。

其次，在培养学生的能力方面，应以学生的实际情况为依据，分层设计能力目标。教师应注意到学生能力水平的高低。对于初一年级的学生来说，他们刚刚开始系统地接触英语学科，所以教师应以较低水平的单词记忆能力、口语交流能力等为主要培养目标。初二年级的学生心智更加成熟，也具备了一定的基础能力，这时的语言能力培养应以语言分析能力、归纳总结能力等为主要方向。另外，还要考虑到班上学生的能力差异、接受水平等，据此设计不同层次的能力培养目标。

最后，教师每一节课最好只设计一到两个能力目标，这样可以使学生得到专门的、集中的训练，能力目标设计得过多反而不容易实现学生能力的提高。

（二）过程与方法目标的设计策略

过程与方法目标是新课程标准提出的一个全新领域的目标，很多教师对其比较陌生，在教学实践中也难以把握和落实。正因为如此，这一维度的目标在设计上常常不被重视，容易出现问题。

首先，要设计科学合理的过程与方法目标，就要对其内涵有正确的理解。这一维度的目标主要包括对学生在学习过程中得到的体验、感悟、经历等的要求，并且对完成学习任务的方式方法做出规定。

其次，要在分析教学内容、确定知识与能力目标后，根据不同性质的知识与技能目标设计相应的过程与方法。例如，知识目标为学生能够认识和记忆形容词比较级形式，那么过程与方法目标就可以设计为：学生能够自己对比较级形式进行分类，归纳总结出变化规律和典型例子。又如，能力目标为学生能够流畅地用形容词最高级表达自己周围的事物，那么过程与方法目标就可以设计为：通过小组讨论以及角色扮演，学生能够完整准确地运用形容词最高级说出三个以上的句子。

最后，过程与方法目标的设计除了要依据知识与能力目标外，还要注意分析学生的个体差异，照顾到学生的不同需求。此外，过程与方法目标的设计还要考虑到本校的教学环境和学生能力等，结合实际情况设计出切实可行的目标。

（三）情感态度与价值观目标的设计策略

情感态度与价值观目标可以说是教学目标的灵魂，英语学科在这一目标领域发挥的空间很大，有广泛的教学资源，对学生建构自己的情感态度与价值观体系起着不可忽视的作用。情感态度与价值观目标的确立，关键在于挖掘教学材料中蕴含的人文思想、探索学生的精神需求、找准切入点进行灵活设计。

首先，一般来说，教材中的大部分内容都是含有情感态度与价值观因素的，但有些是隐含在课文中的，并未明显展现出来，这就需要我们去挖掘。尤其需要重点关注和设计英语教学内容中最能调动学生情感思维的因素，使其产生丰富的内心活动，激发其对情感因素的思考，最终使其道德思想、行为习惯等得到陶冶和培养。

其次，初中生已经开始有一定的自主意识和批判性思维，对生硬的道德说教容易产生逆反心理，所以情感目标的确定需要教师考虑学生的年龄特点，观察和了解学生的思想动态，分析学生的精神和情感需要，从而有选择性、有针对性地挖掘教材内容的情感因素，使情感态度与价值观教育适应学生的实际情况，这样才能真正发挥其教育价值。

最后，情感态度与价值观目标大部分涉及人的心理和情感因素，因此需要教师在课堂中灵活掌握，根据课堂上的实际情况和学生情绪态度的变动，选择最佳的时机将情感态度与价值观教育恰如其分地融入课堂。这些目标可以是提前预设好的，也可以是根据课堂实际情况临时改变或添加的，但必须选准时机，保证学生当时的心理和态度能够促进其理解与接受这种教育，而不要为了有一个情感态度与价值观目标而生硬地把这些教育强加在学生身上。因此，如果整节课都没有发现可以进行情感教育的时机，那么宁愿放弃这个目标，等时机合适的时候再进行教育。

第二章
初中英语教学要素

02

第一节　初中英语教学要素概述

一、教师

教师是教学活动的设计者、组织者、督导者、检测评估者、矫正优化者，教师的作用是决定教学效果的主要因素。因此，在初中英语教学中应该充分发挥教师的作用。

首先，在英语教学中，课堂教学的总体设计是否合理，是决定教学效果的重要一环。在英语教学中，教师要以英语课程标准的要求为指针，以所使用的英语教材为依托，以学生的整体基础和学习状态为平台，以营造积极主动、愉悦和谐的课堂氛围为目标，对英语教学资源、教学方法、现实教学环境等进行创造性的整合，准确设置教学目标、重点与难点、教法与学法、练习与检测，科学分配教学时间，力图使实际教学过程进展顺利，成效显著。

其次，在英语教学中，课堂教学的组织尤其重要。为了充分发挥学生的学习自主性、合作意识和探究精神，教师要在课前根据学生的知识基础水平、性格特点、性别差异等对学生进行分组，并给各小组成员编号，在教学过程中视各组员的不同优势与劣势分配不同的合作和探究任务。在英语课堂教学中，教学活动体现为一系列交替进行的听、说、读、写技能的训练。教学过程的展开要以创设情境，激发兴趣，即兴演示，问题的归纳与提炼、探讨与反思，知识的强化巩固、迁移应用为环节。教师要根据不同环节的特点积极营造活跃的气氛，找准教材内容与现实生活的切合点，努力使学生由知识的获取向能力的提高过渡，使学生的学习态度由被动接受向主动生成转换，使学生的情感体验由消极的强迫、忍耐、烦躁、痛苦向积极的自觉、自由、渴望、喜悦转变，引导学生对学习内容、学习过程与效果进行自觉的价值评判。

同时，在英语教学中，教师要自始至终对学生的学习予以监控、督促和疏导。新知识的学习是极具挑战性的，在疑难面前，学生不可避免地会产生畏惧、逃避、懈怠甚至放弃、叛逆心理，从而影响学习效果。这就要求教师适时调节教学内容和难度以及知识层次的梯度，使学生学得容易、顺利。教师要时刻注意自己的教学态度与情绪，对学习吃力或精神懈怠的学生要耐心地点拨、开导、提醒、鼓励，对善于思考、表现优秀、态度积极、心神专注的学生要及时表扬，适度拔高，充分利用他们对其他学生的启发、表率与带动作用。对有对立情绪的学生要善言安抚，课后进行个别教育，切忌当堂发火，以粗暴的态度和语气对学生进行嘲讽、指责、谩骂甚至惩罚。教师要努力做到教学态度和蔼亲切，语气平易温和、文明得体，有启发性和鼓舞性，从而使课堂气氛融洽、教学过程顺利、教学效果明显。

最后，在英语教学中，教师要对整个教学活动进行评价与反思，要对教学行为进行必要的矫正与优化，以利于教学效果的改善。教学设计只是一种基于以往经验的预想，现实教学总会出现预想不到的变数。因此，教学目标的达成每一次都存在差别。在教学过程中，教师要保持清醒的头脑，始终关注每一环节的教学质量，有明确的评价意识，要从教学目标设定是否合适，教学环节是否完备，教学内容是否充实，教学过程进展是否顺利，是否围绕教学重点展开实际教学，难点是否突破，教学方法是否恰当，学生的反应与表现如何，是否充分体现了学习的自主性、合作性和探究性，各环节的时间分配是否合理，学生的整体态度是否积极，课堂气氛如何，还有哪些方面需要改善以及下一堂课最需要注意什么等方面进行评价与反思。

总之，在英语教学中，教师的作用非常重要，新课标不是淡化教师的作用，而是提高了对教师教学能力的要求。因此，教师必须从讲台上走下来，从滔滔不绝的讲解与灌输中摆脱出来，充分发挥自己设计教学、组织教学、督导与评估教学、矫正优化教学行为的综合功能，使教学活动更富有活力与成效。

二、学生

学生的主体作用，简单来讲，是指在教学过程中学生作为学习活动的主体出现，他们能够主动地发展自己的潜能。学生应是教学活动的中心，教师、教材、教学手段都应为学生的"学"服务。在教学过程中，学生是主体，学生的学习主动性和积极性是学习的内因，学生知识的增长、智力的发展和思想、情感意志的培养都要通过学生自己的实际活动才能实现，即要有学习的主动性和积极性。

外语学习的首要任务是"学"而不是"教"。有效的语言教学不应违背自然过程，而应适应自然过程；不应阻碍学习，而应有助于学习并促进学习；不应让学生去适应教师和教材，而应让教师和教材去适应学生。因此，应该培养学生主动、积极思维的能力，采用"交流—互动"的教学方法，突出学生自学、小组讨论、相互交流的教学形式，充分发挥学生的自主性、积极性，让学生主动去发现问题、研究问题、探索知识，培养学生的思维能力和分析问题、解决问题的能力。

不同于其他基础学科，英语是一门实践学科，其语言技能是需要通过学生个人的实践才能得到培养和提高的。因此，英语的教学效果应以学生的学习效果为依据，而学习效果在很大程度上取决于学生的主观能动性和参与性。认识理论认为，英语的学习过程是新旧知识不断结合的过程，也是语言能力从理论知识转化为自动应用的过程，而这种结合和转化都必须通过学生的自身活动才能实现。因此，英语教学必须以学生为主体。

现代化教学过程也是教师和学生共同参与的认识过程。这个过程是需要通过学生的大脑起作用的。学生作为教学的主体，既有接收信息的一面，又有发出信息的一面。在教学过程中，师生之间存在着大量的双向传递信息和反馈信息的交流活动。教师的主导作用在于科学地而不是随意地参与，要在接受来自学生的反馈的基础上控制和调整整个教学过程，使学生的主体作用得到更充分的发挥。

在教学效果的评价上，不能只看教师课讲得如何生动、如何熟练，更要看学生主体作用发挥得如何，学生的积极性、主动性是否被调动起来，学生实际运用语言的能力是否真正得到提高，学生的方法是否正确、学习习惯是否养成，学生的智力是否得到开发。如果不把学生看作主体，教师的指导作用就无从谈起。在目前的英语教学中，教师主宰课堂教学的现象仍很普遍，教师过多地分析词法、句法，有的甚至大教词源，自己唱"独角戏"，把学生看作"观众"，这种注入式的教学方法使得本来应成为主体的学生始终处于被动、消极的接受地位。

如果学生潜在的能力和情感因素难以发挥，那么其想象力和创新能力就会受到抑制。实践证明，没有作为教学主体的学生积极参与教学活动，师生就不能进行有效互动，就不存在信息的反馈和交流，学生能做到的只是记笔记、背笔记，机械套用。这些教学过程中存在的弊端使中学英语教学效果难以得到迅速提高，因此，转变教师的教学观念就成为教学改革的关键。

教师的主导作用和学生的主体作用是相互联系、相互统一的。教学是教师与学生组成的双边活动过程，英语课堂教学是在教师的组织和指导下学生积极参与配合的过程。以学生为主体是这个过程的出发点，所以组织课堂教学时既要充分发挥教师的主导作用，又要切实体现学生的主体地位。

三、教学内容

课堂教学内容和教学目标以及教学重难点的设定都应该以英语课程标准为准则，从学生的已有知识水平出发，并以交际语言教学法为理论依据。

英语教师应从多种教学法入手，根据学生的年龄特点，在教学中充分运用创设情境教学法，利用多媒体手段和直观教具形象地、有层次地将所教的内容展现在学生面前，将传统的教学媒体和现代的教学媒体相结合，强化学生的视听体验，让学生全身心地投入教学活动中，激发学生的兴趣和求知欲，从而更好地促进学生主体作用的发挥。

英语教学的实质是交际，是师生之间、学生之间的交际，而不是单纯的"我教你学"。英语教学就是通过这些交际活动，使学生形成运用英语的能力。在交际过程中，师生双方的认识活动也是相互作用的。学生学习英语的进展离不开教师对教学规律的认识，教师对教学规律的认识也离不开学生在教师的指导下学习的客观效果。英语教学就是为了促进这种交流，为了培养学生的交际能力，注重交际策略的学习和应用，同时尽可能地创设真实交际情境。

四、教学媒体

英语是一门语言学科，也是一种语言交流的工具。英语教师应根据学科特点，按照新课程标准的要求，科学选择教学媒体与手段进行教学环节的设计、教学方法的优化和教学资源的整合，辅助课内外英语教学，增强课堂教学的趣味性、互动性、高效性，促进初中英语教学改革的顺利进行，提升学生的英语运用能力和问题处理能力。

随着科学技术的不断发展，多媒体技术越来越广泛地应用于课堂教学。适时恰当地将多媒体技术应用在中学英语教学中，是现代信息技术发展的需要，是英语新课程改革的需要，更是实施素质教育的需要。在中学英语教学中，适时地应用多媒体来辅助教学，科学开发和选择多媒体课件，可以有效地提高学生学习英语的兴趣和自主性，增强学生的信息素养，促进学生综合素质的不断提升，大幅度提高课堂教学质量。

多媒体技术是一种把文本、图形、形象、视频图像、动画和声音等承载信息的媒体集成在一起，并通过计算机进行综合处理和控制的一种综合性电子信息技术。当今，结合信息技术提供的新的沟通机制和丰富的教学资源，适时恰当地选用多媒体来辅助教学，优化教学过程，能有效改进教师的教学方式和学生的学习方式，大大提高教育教学质量，促进学生综合素质的全面提升。教育技术专家南国农教授指出，要将多媒体技术融入课堂教学的各个领域——授课、小组学习、自主学习，使其既成为学习的对象，又成为学习的手段，以工具的形式融入课堂，以促进学生学习，从而达到培养学生创新精神与实践能力的目标。

21世纪，随着信息技术的发展和网络时代的形成，知识日益丰富，急剧增长。原有的多媒体技术在应用中存在诸多误区，如计算机一堂课"一用到底"；课件制作过分追求视觉形象，分散学生的注意力；师生交流不畅；课件制作简单，不能体现多媒体的优势。这些都制约了学生综合能力的发展。针对这一现状，巧妙运用现代信息技术，科学地开发和选择多媒体课件，精心设计饶有情趣的教学软件，既能以直观形象的方式呈现感性材料，激发学生的学习兴趣，又能以翔实的数据信息增强学生的学习动力，再加上现代信息技术形象化和多样化的特点，真正弥补了多媒体技术与传统教学模式有机结合的不足，唤起学生学习英语的意识，充分体现了多媒体辅助教学的优势，促进了学生信息素养的提高，达到了英语教学目标和信息技术教育目标的有机结合。

多媒体技术的运用应该与课堂教学内容的设计相结合。在课堂教学的起始阶段，教师应巧妙运用多媒体技术，精心设计学生喜欢的、生动的、形象的教学软件，如一个故事、一个问题、一段录像、一段音乐、一幅图画、一次游戏、一个实验等，以激发学生内在的学习兴趣与学习动机，引发学生的求知欲望。当学生从内心产生"我要学"的冲动时，教师创设的情境才能称得上成功。在中学英语教学中适时运用多媒体技术，可以大大提高学生学习的积极性和主动性。

中学阶段是青少年想象力最丰富、最活跃的时期，他们很容易被新奇的东西所吸引。在英语课堂教学中，运用多媒体技术实施教学，能有效地集中学生的注意力。英语知识具有抽象性的特点，学生有时难以理解，而多媒体技术具有形象、具体、动静结合的特点，可以变抽象为具体，适时恰当地加以运用，能够充分发挥学生各种感官的协同作用，有效解决学生学习过程中的困惑，突出重点，突破难点。在英语教学的练习环节，适时运用多媒体技术，能够在较短的时间内向学生提供大量并富有针对性的习题，增加训练密度；也可以对预先设计好的多种题型根据学生学习的情况利用多媒体的交互性有目的、有选择地进行练习，大大提高练习效率。

第二节　初中英语教学目标

一、初中英语教学目标的具体内容

教学目标是教学活动的中心，在课堂教学中，教师的主导方向和学生的主体活动都是围绕本课的教学目标进行的。目标是教学的出发点和归宿，也是学生学习的最终目的。因此，在教学中一定要先确定教学目标。教学目标正确与否决定着教学过程的意义，而教学目标是否正确不仅与教师对教材的理解有关，也与学生的个性、能力、需要有关。在教学实践中，教师不应为全体学生设置同一个目标，而应根据学生的学习能力、发展水平、智力特点、学习成绩以及个性、需要的不同为其制定不同的目标。

教师的工作对象是学生，而学生在学习能力、智力、个性等方面是参差不齐的。目标教学理论认为，只要给学生以足够的学习时间，几乎所有的学生都能达到规定的目标。但是，在教学实践中，教学起点、教学内容是统一的，毕竟教学时间是统一的。这样一来，对某些学生来说就没有足够的时间来达到目标。因此，让学习能力、学习速度参差不齐的学生在同一时间达到同一目标是不现实的。

英语教学目标的制定应具有科学性。一般来说，教学目标包括以下三个方面：（1）使学生掌握系统的科学文化知识和基本技能；（2）培养学生良好的世界观以及道德、审美、劳动等观念及相应的行为方式；（3）使学生的身心得到健康发展。因此在教学中，教师应根据这三个方面制定具体而明确的教学目标。

要解决教学目标贪多的问题，关键是"适量"。适量设定教学目标，而不是盲目地减少教学目标。可以采用教学目标前置或后移的方法来处理一节课中来不及完成的其他教学目标。教师要想使自己制定的目标达到适合学生的量，首先就要了解学生，弄清他们已经掌握了哪些知识、具备了哪些方面的能力，从而明确本课教学内容和学生已有知识的联系，并寻找建立联系的方法，同时要估计学生可能遇到的困难，有针对性地确立教学重点和难点。

此外，教师要避免课堂教学的随意性，就要在课前反复钻研课标和教材，确立本课教学的具体目标点，并对具体目标点进行简要分类，以便确定具体的掌握程度。

教学目标的制定还需要做到合理化，要解决教学目标设定错位的问题，关键是"合理"。而要做到这一点，就要认真研读课程标准，把握课程标准，并根据实际教学内容的特征，科学合理地制定教学目标。教师要确定每一个目标点对掌握程度的要求，比如，是一般了解，还是理解、运用；是能仿照例题进行再现式运用，还是能在改变条件的情况下进行变式运用。通过这几个方面的充分准备，逐条落实明确而细致的目标，就能够避免教学环节游离于教学目标、课堂效率低下的弊病。

二、初中英语教学目标的设计理念

教学目标是期望学生在完成学习任务后达到的程度，是预期的教学成果，是组织、设计、实施和评价教学的基本出发点。

例如，选择一篇文本时教师大致会思考这样几个问题：文本的内容、文本的形式、编者编排的意图、学生的状况、学生通过学习该文本会提高的英语素养。对这些问题有了相对深入的思考，便会制定出切实可行的教学目标。一节课教学目标的制定应该考虑以下几个方面。

（一）教学理念

教师的教学理念直接决定了教学目标制定的方向。教师要通过日常教育理论及英语课标的学习形成正确的教学理念，这是制定教学目标的前提和条件。在设计教学目标时应遵循以下几个原则。

1. 灵活处理教材，进行有机整合，让教材为教学服务

整合教材时要注意课时的层次性，遵循由易到难、由简到繁、由少到多的原则，注意授课内容的整体性和完整性。

2. 体现基础知识与基本技能的培养和训练

在保持学生学习兴趣的同时，要注重开发学生自主学习的能力，培养科学系统的学习观念，提高学生的创新能力，注重学法渗透；让学生有意识地体会如何"学会学习"，形成自己的科学学习方法，真正迈入学习英语的大门。

3. 注重学生自身价值的发展，构建以学生发展为本的"生命课堂"

在这样的课堂中，学生与教师进行的是心灵的沟通和交流，而不是单纯的知识技能的教学。在这样的课堂中，学生能充分展示自己的才华，挖掘自身的内在潜力；教师的着重点在"育人"，而不是单一的传授。这样的课堂是师生共同学习与探究知识、展示智慧与发展能力的殿堂。

（二）文本地位

制定教学目标的一个重要维度就是要努力研究编者的逻辑起点。一篇文本选入教材后，便不再是独立存在的个体，而是整个教材的有机组成部分。明确相关模块在整个教材中的地位尤为重要，教师在教学过程中要注意知识的系统性，以旧引新，新旧交替，达到使学生熟练运用语言的目的。

（三）教材分析

文本有什么特点？这是备课首先要分析的一个问题。只有把文本研究透彻了，我们才能深刻把握文本的规律，制定切合文本特点的教学目标。教师应以旧引新，在新授内容中让学生巩固旧知，最终提高综合运用语言的能力。

（四）学情分析

制定教学目标还有一个重要维度，那就是对学情的把握。教师必须随时了解学生从何处起步，总体上到达了什么样的水平，将继续往哪个方向前进。所以，我们要对学生已经掌握了什么和将要掌握什么、已经有了哪些本领和将要学习哪些本领有清晰的了解。

（五）具体教学目标的制定

教学总体目标强调三维目标即语言与技能目标、过程与方法目标、情感态度与价值观目标的突出地位。各个目标相互渗透、融会贯通，并且始终以学生的发展需要为前提，与学生的社会生活实际紧密结合。目标教学是实施素质教育的重点，它要求教师了解、熟悉、掌握教学内容，明确课标要求达到的教学目标，通过分层教学因材施教。

第三节 初中英语教学的教师特点

初中英语课堂教学是新课改的核心，初中英语教师必须彻底改变传统的课堂教学模式，让自己的课堂精彩纷呈，赢得学生的喜爱，让新课改的精髓在课堂中焕发光彩。

大多数教师都知道课堂的生成、三维目标等概念，但对这些概念和教学方法的认识一般不够系统、不够深入，因此会具有一定的传统的教学思维。这就需要初中英语教师针对新课改的要求，对英语课堂教学有系统、全新的认识，这对以后的教学会有很大的帮助。

一、新课程标准强调学生的个体发展是英语课程的出发点和归宿

无论是英语新课程目标的确立，还是它所倡导的学习方式、评价方式，无不体现以人为本、以全体学生的全面发展为本的教育理念。因此在教学中，教师的教学设计要符合学生的生理和心理特点，遵循语言学习的规律，力求满足不同类型和不同层次的学生的需要，使每个学生的身心都得到健康的发展，使每个学生的英语素养都得到应有的提高。因此在教学中，初中英语教师应该从以下几个方面进行思考：（1）鼓励学生大胆地运用英语，对学生学习过程中的失误和错误采取宽容的态度；（2）为学生提供自主学习和相互交流的机会以及充分表现和自我发展的空间；（3）鼓励学生通过体验、实践、讨论、合作探究等方式发展听、说、读、写的综合语言技能；（4）尽可能创造条件，让学生探究他们自己感兴趣的问题并自主解决问题。

二、营造创新氛围，培养学生的探究能力和创新思维能力

如今，教育改革的主旋律是以培养创新精神和实践能力为重点的素质教

育，课堂教学则是培养学生创新精神及实践能力的主阵地。如何转变教育观念，去旧汲新，培养出一代有扎实基础、开拓能力的高素质人才，需要初中英语教师认真思考。所以，英语课堂教学中每一个教学步骤都应多设信息差，层层递进。教师要设计题目，让学生进行讨论、争论、辩论，这样既能调动学生积极运用语言材料组织新语言内容的能力，又能训练他们从同一信息中探求不同答案的求异思维能力。当学生对这类讨论性题目产生兴趣时，他们会不畏艰难，积极主动地学习。教师应不失时机地给学生创造学习英语的氛围，加强语言信息的刺激，营造创新教学氛围。

素质教育是培养21世纪人才的教育，学生需要习得知识和能力的科学方法。良好的学习方法能使学生更好地发挥潜能。学生应该是课堂学习活动的主体，教师应注重学生的独立学习能力，让他们有更多自主学习、独立思维的时间与空间，并在学习中学会如何获得知识，以达到培养创新意识、提高创新能力的目的。在课堂教学设计过程中，教师要善于设计新颖别致并能引发学生共鸣的问题，让学生在独立思考的基础上进行集体讨论，集思广益，也可以用所教的知识让学生自由地求异发散、组织新的内容。这样会使学生相互启发、相互交流，从而以创新意识灵活运用语言知识，让学生凭借自己的能力解决新问题，掌握新知识。在此过程中，学生的创新思维能力也真正得以提高。

三、以培养学生综合语言运用能力为目的，倡导合作学习

现代社会的发展要求社会中的每个成员都学会与他人合作，合作意识和能力是现代人所应具有的基本素质。英语学习是一种语言习得的过程，学生学习语言必须在一定的语言情境中通过一定的任务进行相应的语言交流，从而提高运用语言的能力。因此在英语教学设计中，学生之间的交流与合作是十分必要的。新课程标准也要求学生改变学习方式，学会与他人合作。我们可以把班级分成若干小组，要求小组中的每个学生都为本小组的成功而努力，从而增强他们的集体荣誉感与责任感。学生在交流信息、分享成果、组织比赛的同时也增强了竞争意识，既锻炼了能力，又培养了团队合作精神。特别是一些学困生，因为在团队合作中他们可能会对一个小组的成绩产生决定性的影响，也可能会想出比其他成员更优秀的点子来，这样可以大大增强他们的自信心，改变他们自卑的心理。

四、加强对学生学习策略的指导，为其终身学习奠定坚实的基础

帮助学生养成良好的学习习惯和形成有效的学习策略是英语教学的重要任务之一，这就要求教师有意识地加强对学生学习策略的指导，让他们在学习和运用英语的过程中逐步学会如何学习。因此，在英语教学过程中，初中英语教师应从以下几个方面进行思考：（1）积极创造条件，让学生参与制定阶段性学习目标以及实现目标的方法；（2）引导学生结合语境，采用推测、查阅或询问等方法进行学习；（3）设计探究式的教学活动，促进学生实践能力和创新思维的发展；（4）引导学生在学习过程中进行自我评价，并根据需要调整自己的学习目标和学习策略。

五、加强文化背景知识的传授

文化是人类在社会历史发展过程中创造的精神财富和物质财富的总和。传授文化背景知识的目的是让学生更深刻地了解英语，更恰当地使用英语。初中英语教师也应该从这个角度进行思考，做到以下几点。

（一）不断地提高自己的文化修养

文化知识背景包罗万象，从广义上讲，它包括一个国家的政治、经济、历史、地理、文艺、宗教、习俗、礼仪、道德、伦理、心理及社会生活的各个方面；从狭义上讲，语言是文化的重要载体之一，如日常用语、专有名词、成语典故、民间谚语和形体表情等无声语言，都能反映出大量的文化背景知识。我们可以通过结交外国朋友、涉猎各种形式的文学作品、观赏精彩的外国电影、欣赏格调高雅的外文歌曲等各种渠道来了解外国文化。作为英语教师，我们必须不断学习，不断提高自身的文化修养，只有这样，才能把英语教活。

（二）随机讲授

因为目前中学还没有开设文化背景知识方面的专门课程，所以教师只能按照现有教材，涉及什么讲什么，重点讲解那些具有背景意义的词汇和交际用语，除讲清其概念外，还要讲清它所包含的文化背景知识，有时还要适当扩展其内容，顺便讲一些相关的风俗习惯和交际常识。

（三）差异比较

中西文化的差异应是教学的重点。特别是对于初学英语的学生，总喜欢

进行母语和外语互译，这种学习方法往往成为其运用英语的潜在障碍。因此在教学过程中，教师不但要对词语的文化背景知识进行必要的解释，还应同母语进行适当比较，使学生了解两种文化的差异，从而掌握正确运用英语的方法。

六、新课程改革对教师的职业道德提出了更高的要求

如今，教师人格已经远远超出了教师一般职业道德的范畴，它不仅包含师德，也包含教师的世界观、人生观、价值观，还包括教师的政治立场和态度、法制观念、学识风范等，并将社会普遍认可的优良品格、思想、情操、才学、气质等集于一身，在教书育人中充分展现出来。这使教师具有良好的言谈举止，诚实守信，热情、开朗、豁达，永远保持良好的心态以及积极向上的精神状态；使教师诚心诚意地对待学生，以诚育诚，以信育信，让学生感受到其高尚的人格魅力，并潜移默化地受到这种人格魅力的影响和感化，从而受益终身。古人云："经师易得，人师难求。"教师以自身的人格魅力去塑造学生的人格，以自己的德、才、情传授给学生终身受用的有形知识（课本所学的）和无形知识（人品的培养），必将为社会培养出高素质、有道德、有文化、有修养、诚实守信的合格人才和满足社会发展需要的人才。因此，初中英语教师也应该从自身修养方面进行思考，做学生生活、学习上的榜样。

七、不断更新知识结构，适应现代社会发展对英语课程的要求

社会在发展，科学在进步，语言也在变化，因此，英语教师必须勇于进取，刻苦钻研业务，善于总结和借鉴教学改革的经验，不断更新自己的知识，提高业务能力和教学水平，适应现代社会发展对英语课程提出的要求。因此在教学中，初中英语教师应该从以下几个方面进行思考：（1）把握课程标准的理念、目标和内容，运用教育学和心理学理论，研究语言教学的规律，根据学生的心理特征和实际情况，选择和调整英语教学策略；（2）发展课堂教学的调控和组织能力，灵活运用各种技巧和方法；（3）自觉加强中外文化修养，拓宽知识面；（4）根据教学目标、学生的需要及当地客观条件，积极地、有创造性地探索有效的教学方法；（5）不断对自己的教学行为进行反思。

总之，作为当代英语教师，我们必须具备终身学习的意识和能力，不断

转变教育观念，开拓进取，与时俱进，以适应新课程标准对教师提出的更高要求；要一切以学生的发展为目的，发展课堂教学的调控能力、教学活动的组织能力、对教学行为的反思能力以及灵活运用各种技巧和现代教育技术的能力，努力使自己成为具有创新精神的研究型教师。

第四节　初中英语教学的学习者特点

在同样的学习条件下，学生的学习成果会存在巨大的差异。同样的教师和教材，同样的教学条件，有的学生英语学习相当出色，而有的学生则很难学好；有的学生学习进展得很快，而有的学生花了大力气仍停滞不前。我们不能简单地将原因归结为智力或者勤奋度方面的差异。事实上，学习效果是内外因相互作用的结果。在外因大体一致的前提下，学习者的个别差异是这种差别产生的主要原因。

一般来说，我们对英语学习成功者的归因大致分为智力因素和非智力因素两大类。其中，智力因素不受外界条件变化的影响，不是可以随意改变的因素。相比智力因素的不可控性，非智力因素往往是可以通过外界手段的影响而改变的，对大多数英语学习成功者而言，非智力因素往往是他们成功的关键。

相关研究成果表明，成功的语言学习者比不太成功的语言学习者使用的策略多，而且使用的频率更高；而一些不太成功的语言学习者往往使用的是一些消极的策略，如死记硬背等。因此，教师在传授知识的同时如果加强对学生学习策略的培养，将有助于学生克服学习困难，提高学习效率。初中阶段的英语教学虽然备受教师的重视，但教学效果一直不太理想，其中很大一部分原因是学生没有掌握正确的学习策略，以及教师忽视了对学生学习策略及方法的指导。调查显示，能够运用学习策略的学生的成绩显著高于其他学生，但只有少数学生能无意识或有意识地运用学习策略。在这种情况下，如果教师缺少对学生进行系统的学习策略的指导，就会使学生在整个学习过程中始终处于被动接受的地位，从而直接导致学生养成依赖教师的思想，缺乏学习的主动性。

学习习惯也是影响英语学习者学习成果的因素之一。所谓习惯，就是一个人行为方式的自动化，是不需要思考和意志努力的行为方式。就学习而言，良好的英语学习习惯是英语学习的基础。英语是一门实践性很强的交际性学科，除了需要学习一定的语音、词汇、语法知识外，还得练就扎实的听、说、读、写基本功。换言之，英语学习必须有大量的听、说、读、写四种技能的训练。从这个意义上来说，学习英语的过程在很大程度上是英语习惯的培养过程。相关研究表明，要学好英语，就必须掌握英语学习的基本方法，养成良好的英语学习习惯。良好的学习习惯能推动学习的进步，提高学习效率，取得意想不到的学习效果。同时，良好的学习习惯一旦养成，会对学生的学习起到极大的促进作用，使之终身受益。

学习策略是指学习者为了有效学习所采取的措施，这种行为可以是外部活动，也可以是内部活动。英语学习策略是指英语学习者为了更好地学习与使用英语而采取的各种行动和步骤。学习策略是学习者自主学习的工具，经过学习策略培养的学习者会比没有经过学习策略培养的学习者表现出更强的自信心，学习效率也较高。一般来说，学习策略中认知策略的使用最为广泛。

英语认知策略是指学习者在英语学习的过程中使信息得到有效获得和提取的策略，具体表现为观察、记忆、复述、分析和总结。其中，记忆策略是英语学习中的主要认知策略，目前应用较广泛的记忆策略有重复记忆、理解记忆和联想记忆。

重复记忆是指把所记忆的内容连续重复或间隔一定时间后重复学习一次，经过多次重复，实现永久记忆。随着时间的推移，人脑所记忆的东西会被逐渐淡忘。记忆越肤浅，淡忘就越快；记忆越深刻，淡忘就越慢。记忆的深浅不仅与刺激的强度有关，也与重复的次数直接相关。另外，运用重复记忆的学习策略还需要强调分散复习。艾宾浩斯遗忘曲线告诉我们，分散复习比集中复习更易于记忆的保持。因此，相比第一次复习强调及时性，第二次复习的时间间隔可以稍长，如两天。再往后，间隔可以更长，如依次为一周、半月、一月、半年、一年、几年。复习所用的时间也会依次缩短，甚至只要用眼或耳过一遍就可以。这样先重后轻、先密后疏地安排复习，才能获得好的学习效果。此外，限时复习所起的作用也很重要。大脑也是有惰性的，时间宽裕的时候其兴奋度较低，记忆效果也就相对较差。限时记忆使大脑的兴奋度相对提高，记忆效果就会更好，尤其对于英语学科而言，在课堂上采用限时记忆的方法尤为可取。

理解记忆就是把新信息与头脑中的旧信息建立起联系，或是在新信息之间建立起联系以增加信息意义的记忆策略。理解记忆包含了联想记忆，可以说，常见的理解记忆策略之一就是联想记忆法。除联想记忆法外，常用的理解记忆策略还有组织归类法。组织归类法是指将杂乱无章的新信息组织规划并有序利用以便于记忆的方法。因为组织过的材料是有意义的，易于理解，所以便于记忆。例如，英语当中不同形容词修饰同一个名词的时候，有一定的顺序。由于形容词类别太多，很多学生记不过来。这时，可以将形容词修饰名词的顺序编成口诀，如按照大小、年龄（新旧）、颜色、国籍、材料的顺序编成"大龄青年颜国材"，学生在爆笑的同时也就全都记下了。另外，重复记忆还可以通过讲述法来实现。常有学生反映，有些内容明明觉得听懂了，可自己独立解题时还是不确定，甚至会忘记。这是因为这些知识还没有内化，实际上没有完全掌握。这时通过将难点问题集中起来进行自我讲述，能够起到强化记忆的作用。因此，教师应该鼓励并引导学生进行问题的讨论，很多知识只要通过讲述的方法说上一两遍，记忆就会更加清晰。英语学习的基础是词汇。进入初中，要学习的知识越来越多。在英语学习方面，对词汇量的要求也越来越高。很多学生在记单词方面都表示太累，效果不好。其实，单词记忆除了灵活运用联想法以外，还可以运用全身反应法。记忆长句时，可以将长句编成动作，利用动作进行记忆；记忆单词时，则需要多读、多写、多听、多看。在纸上反复抄写单词的同时，大声朗读，做到手在写、眼在看、嘴在念、耳在听，多重感官一起被调动起来，记忆活动自然更有效率。

从心理学角度来看，态度指的是人们在自身道德观和价值观的基础上对事物的评价与行为倾向。态度的表现包括三个构成要素，即对外界事物的内在感受、情感和意向。常言道，态度决定命运。从学习动机和态度的定义中可以看出，学习动机和态度是密切相连的，学习动机包括学习态度。学习态度是指学生在学习活动中较持久的肯定或否定的内在反应倾向，如表现为认真、紧张、主动、被动等。也就是说，只要激发学习者的学习动机，就可以影响其态度并最终促进其学习。从日常教学实践中不难看出，有明确学习目标、学习态度端正的学生，不仅容易取得学业上的成功，在学习之外的各个方面也都表现出积极向上的一面，更容易受到师生的欢迎。近年来，我国英语教学活动的重心逐渐从教师转向教学的主体——学生。同时，随着国内外研究者对影响外语习得诸多因素研究的不断深入，越来越多的英语教育工作者开始意识到英语学习的动机在整个学习过程中的重要性。动机是激发人们采取某种行动或做出努力的心理欲望，在英语学习中它是促使学生积极学习的内在动力。英语学习的成功与否和学习者的学习动机存在紧密的联系。有强烈学习动机的人，学习英语的目的明确，学习积极认真，刻苦奋进，遇到困难会迎难而上，因此较容易取得好成绩。相反，没有学习动机的人，总是得过且过，遇到困难就灰心丧气，学习结果自然不尽如人意。动机有外部动机和内部动机之分。外部动机是由诸如金钱、名誉等外部诱惑条件而激发的，这在日常教学活动中十分常见。比如，有家长许诺只要孩子考试得高分就给予一定数额的奖金，或是教师给予成绩好的学生诸如"三好学生"称号之类的奖励。这些都是促使学生刻苦学习的动力。但是这样的学习动力毕竟不是来自学习者本身对学习的兴趣，而是出自对学习之外的东西的向往，因此一旦外部诱惑消失，学习者便有可能放弃。所以，对于教师或家长而言，要尽量调动起学习者的内部动机。内部动机源于学习者对学习对象的热爱和兴趣，学习的目的在于学习过程本身，所以内部动机才是促使学习者持续有效学习的关键。如果说学习的目的是学习要获得的结果，那么动机则是促进学习目的达成的动因。学习动机是直接推动学生进行学习的一种内部动力。动机既有社会的一面，也有个体的一面；既有相对稳定的静态特征，又具有不断变化的动态特征。当动机存在并发挥作用时，就能够大大地促进学习。

学生的学习态度对学习成果有着非常重要的影响，因此，教师应尽量引导学生以正确端正的学习态度学习，把学生的思想态度从"要我学"转变为"我要学"。具体来说，就是要培养学生学习语言的兴趣，鼓励学生的探索行为，激发学生自主学习的动力，最终使学生主动学习。学生在学习英语的过程中不可避免地会遇到困难与挫折，这时就需要教师起引导作用，对学生给予肯定与鼓励，帮助其克服困难，渡过难关，培养其学习语言的自信心。学生只有树立积极的学习态度，才能在学习过程中保持积极的状态，产生学习的愿望与意向。一方面，积极的态度对学习有促进作用；另一方面，学习对态度也有一定的反作用。换句话说，态度固然可以促进学习，而所学到的知识反过来也可以帮助学习者树立积极的态度。因此，对于一些尚未树立积极态度的学生而言，教师可以通过富有成效而又生动活泼的教学活动来培养其进一步学习的积极态度。学习态度在语言学习过程中起到了非常重要的作用，教师应根据学生的具体情况，在教学活动中做到因材施教，优化课堂结构，不断激发学生学习的内在动力，最终使学生真正爱上英语学习。所以，动机是可以促进与提高的，教师在教学过程中应不断寻找与探索可以促进学生学习动机的策略。

首先，要向学生明确学习英语的动机。对于初中生而言，他们可能还不会去考虑学好英语会给他们日后的学习生活与工作带来怎样的优势，但他们不得不正视高考的存在。因此，学好英语，力争更高的考试成绩是目前大多数学生学习英语的主要动力。可是，学习英语不应以考试为目的，这样就失去了学习的真正意义。此时，教师应该向学生明确，英语学习应以掌握语言技能和沟通方法为目的，而不该仅仅执着于考试成绩。成绩固然重要，但以高考为目的的学习在高考之后还能持续下去吗？显然不能，而语言学习是没有终点的。目前很多大学对非英语专业的学生仍然要求进行四六级考试，这就意味着进入大学同样需要学习英语。即便大学毕业以后就业，很多用人单位对应聘者英语水平的要求也越来越高。因此，教师一定要让学生意识到英语学习是为了掌握技能，而非仅仅为了通过考试。

其次，要帮助学生树立学习英语的自信。英语作为第二语言，在完全没有语言环境的情况下要掌握并熟练运用，是一件非常困难的事。教师应意识到这一点，并让学生明白：在学习英语的过程中，遭遇挫折和失败是一件非常正常的事。尤其在学生遇到困难的时候，保护其自信心尤为重要。充满自信、勇于实践的学习者往往能取得理想的学习效果。学生往往需要对于其成绩的肯定和鼓励。所以，学生英语学习的动机最直接的来源就是教师对待他们的态度。因此，教师应具备热情的品格并富于激励性，通过采用适当的表扬和鼓励的方式来提高学生的自信心。无论在怎样的状态下，学生只要有了信心，也就有了学习进步的动力。

再次，在组织课堂教学活动的过程中，要做到形式多样化，尽可能地采用不同的教学方法与手段，以创造轻松愉快的英语学习环境；多采用小组讨论、游戏或竞赛的形式，使课堂教学更为生动有趣。在多媒体技术被广泛应用的今天，将多媒体与课堂教学有机结合，可以使英语学习充满乐趣。同时，多媒体设备所创造出的真实的语言环境，能让学生如身临其境，在轻松自然的氛围中运用英语进行交际活动，起到减少英语学习的消极情感因素、增加有利于英语学习的积极情感因素的作用。

最后，要培养学生良好的学习习惯。学习习惯与学习成绩是紧密联系在一起的。学生拥有良好的学习习惯和生活习惯，能够促进其学习成绩的提高。许多人的经历都证明，一个没有良好学习习惯的人，是不可能有好成绩的。习惯是通过条件反射而形成的动力定型，属于第二信号系统，是可以培养和改变的。英语学习在很大程度上是一种习惯养成的过程。良好的英语学习习惯是良好语言学习行为的一种累积，一种相对稳定的学习行为倾向。它的养成是中学生学习意愿、学习能力倾向、内外学习行为、学习环境和英语语言环境互动的结果，也是中学生在一定的时空中选择模范的英语学习行为，然后根据自身语言学习的需要进行调节的一种内在的、比较稳固的行为体系，其养成过程是选择性的、积极的、发展的、自主的并富有个体意义的。中学生良好英语学习习惯的养成是多种变因参与和互动的过程。

英语学习兴趣的培养绝非一朝一夕之事。对于很多学生而言，对英语的惧怕要大于兴趣。要扭转这一局面，就需要教师在学生英语学习兴趣培养的过程中起到积极的引导作用，帮助学生培养并保持对英语学习的兴趣，为扩大班级英语优秀者人数、提升班级整体英语水平奠定基础。

首先，教师要通过创设良好的课堂氛围来激发学生的学习兴趣。刚进入中学的学生，普遍具有追新求异的性格特点。倘若教师能抓住这一点，因势利导，就能引发他们的好奇心和求知欲。教师授课时可以尽可能多地用抑扬顿挫、语调丰富、风趣幽默、充满诱因或悬念的语言，并配以丰富的表情和手势来组织课堂教学，给学生创造一个开放宽松的教学环境，使学生怀着轻松愉快的心情投入学习。长久坚持下去，学生自然而然就敢用英语大胆地发言，并不断地进行积极思维，产生学习英语和施展能力的兴趣。

其次，教师在课堂上评价学生时要以表扬为主，不要随意批评学生，这样才能促使他们大胆开口。教师的不恰当批评可能对学生学习英语的自信心造成极大的伤害，以致他们对学习英语失去兴趣，甚至可能造成他们终身厌恶英语，这是不可取的。教师对学生要有足够的尊重，即使学生说错了，教师也不要责怪他们，多给他们一次机会也无妨，如果某个问题学生实在答不好，鼓励他们下次答好也是一个好办法。

在教学中，教师要善于发现学生的闪光点，及时并恰如其分地对他们进行表扬。表扬可以调动学生的情绪，满足学生的成功感，让学生经常看到自己的进步，处于积极的学习状态中，这样，学生学习英语的积极性会越来越高涨。

最后，成功的教学依赖真诚的理解和彼此信任的师生关系，依赖和谐融洽的课堂气氛。和谐、平等的师生关系可以使学生得到心理上的安全感和精神上的鼓舞，从而产生愉快的情感体验，形成积极的学习态度。因此，只有建立新型的师生关系，提高教师的亲和力，才有可能使学生对教师产生信赖感，继而对英语学习产生兴趣。"亲其师，信其道"，和谐的师生关系会让学生觉得教师是最值得信任的人，并因经常受到教师的帮助、关心、鼓励而产生尊重教师、热爱英语学习的情感。这样，学生才敢于开口说英语，增强自信心，这对培养和保持学生的学习兴趣起着重要作用。

第三章

初中英语语法教学策略

03

第一节　初中英语语法教学的目标及必要性

一、初中英语语法教学的目标

新课程标准对二级、五级、八级的语法知识学习目标做了具体的描述。目前，中学英语教材中基础语法知识的教学主要安排在初中阶段，以句法为主，兼顾词法。初中各册课本都编有体现语法项目的句型，目的是教学生确立句子观念，学习句子的结构和用法，采用句型练习和总结语法规则相结合的方式进行教学。

基于对新课程标准的认识，初中英语语法教学应在全面了解英语的情况下侧重口语教学，尤其是日常生活用语的使用要地道，尽量避免中国式英语的出现，在此基础上对学生进行听、读、写的训练。新教材更是直接以日常对话的形式进入语言学习：先听，了解说英语的人是怎么说话的；再学说，就像鹦鹉学舌一样，依葫芦画瓢。与此同时，进行字母的读写教学，这时发音方法与拼读规则很重要，关系到学生在以后的学习中能否掌握地道的英语。五级目标的掌握是一个循序渐进的过程，最后的目的只有一个，那就是学会使用英语，即形成初步的英语语言能力。也许学生并不知道英语有哪些语法规则，但是他们通过接触、模仿、练习，可以学会使用语法规则。

二、初中英语语法教学的必要性

如前所述，英语语法是英语课堂教学的重点内容，英语语法教学是促进学生了解英语内部结构的一般规则的教学活动，也是学生进行听、说、读、写等实践活动的基础。语法是英语学习中必不可少的内容，语法教学的地位、作用及必要性要从以下几个方面加以认识。

（一）语法学习是学生终身学习的必要条件

学生在接受基础教育阶段英语教育的过程中必须掌握比较系统的语法知

识和语法能力。没有一定程度的语法知识和语法能力，势必阻碍语音和词汇学习，影响学生在以后的英语学习中的可持续发展。这与课程改革的精神是背道而驰的。

（二）学习外语必须学习语法

在我国，外语学习缺乏母语的语言环境，学生无法像母语学习那样在无意识状态下自然地习得语法；大部分英语学习是在课堂上进行的，且缺乏真实感和自然性，语法学习主要是靠有意识地学得，而习得只是起非常有限的辅助作用。学得是指通过有意识的学习活动掌握一门非第一语言，它主要用一般认知能力去学习，多采用事件记忆法。英语学习的性质决定了英语教学必须重视语法教学，必须借助语法教学来学得语言知识和形成语言能力。

（三）语法是掌握语言必用的工具

语法是对语言中存在的规则性和不规则性所做的概括描述，其形式是一套规则，其作用是将负载语音的词汇组合成语言并生成言语。因此，语法是学生掌握语言的完善而有价值的工具。外语教学中学习的是教学语法，教学语法的内容不但包含语言的结构形式，还包含语言的功能意义。从语法的性质看，语法是语言赖以形成和发展的要素。语法教学能增强学生的理解能力，使语言输入更容易理解，使学生更容易将接收到的语言信息分解成可理解的语言单位，提高语言产出的生成性。因此，语法是掌握语言的必用工具，学生不可不学。

（四）教学方式决定了学习语法的必要性

我国现阶段中小学外语教学不论是采用知识技能运用能力的教学路径，还是采用模仿运用能力的模式，都强调采用适当方式在适当时期学习语法。此外，在语言输入和输出的过程中，需要经过理解和强化所学知识的内化环节，在帮助学生内化知识和技能的过程中不论是采用类似于熟能生巧的归纳法还是采用画龙点睛的演绎法，都离不开语法。

（五）学习语法有助于掌握语言形式

习得者在第一语言习得中，语言、思维、对生活的认识这三者一般是同步发展的，他们思维活动的深广度以及对生活的了解，使语言要表达的内容受到限制，也限制了语言的发展。所以，习得者缺乏的是表达内容，不是表达形式。学习语法能帮助习得者掌握语言形式或较快地掌握语言形式。

第二节　初中英语语法教学的误区及应对策略

在英语教学历程中，语法教学经历了多次变革，其学术焦点始终在重语法理论和重口语运用之间往复。然而，无论是"英语自然法"，还是20世纪的"英语意念功能大纲"，这些轻视语法教学的模式，最终都无法取代语法教学的地位，在理论和实践中均以失败告终。尽管语法教学在某些方面遭到质疑，但长期以来，主流教学观念始终认为语法教学是语言类教学的必要条件。

当前，在实施英语新课标的过程中，仍然有一些教师对语法教学存在片面性认识，错误地认为新课标强调对学生语言交际能力的培养，是为了淡化语法教学。所以，重新认识语法教学问题很有必要。作为教师，应该在教学中正确地观照英语教学的基础性和实践性问题，认识到重视语言交际能力与语法教学不是矛盾的关系，而是教学的两个重要方面。教师要认识到，语法教学是英语教学必不可少的一部分，要注重定位语法的角色，并在英语教学中采取适当的应对措施。

一、初中英语语法教学的误区

西方的外语教学理论家对语法教学的态度经历了重视—怀疑—否定—再重视的大循环。在语法翻译教学时代，语法教学受到了高度的重视；20世纪40年代到70年代，随着一些新教学法的问世，语法教学受到怀疑、排挤甚至否定，轻视语法讲解的状况持续了几十年。尤其是在交际法理论形成初期，语法教学的地位降到最低点，语法教学服务于交际教学，语法项目的安排也随着交际教学的要求进行，不要求有系统性和阶段性，有些语法项目甚至被取消，这一度引起广大教师的困惑，好在这种倾向很快得到了纠正。随后，由于交际教学法的改进，人们重新认识到语法的重要性，自20世纪80年代至今，语法在西方的外语教学中一直占有重要地位。遗憾的是，我国外语教学界对语法教学的认识也步西方的后尘。多年来，语法教学究竟是重视还是轻视、是强化还是淡化等问题一直困扰着广大英语教师，外语教学界对这些问题的争论持续不断。要摆正语法教学的位置，就应首先剖析语法教学中存在的认识误区，讨论走出误区的对策。常见的误区有如下几点。

（一）认为口语语法和书面语语法一样

长期以来，人们一向认为语法就是一系列规则和一整套语言形式，把语法当成孤立的、教条的知识，不论是在口语还是书面语教学中，都过分强调学习一整套完整的语法规则，过分强调纠正学生的语法错误或偏误。比如，有的教师在口语教学中花费大量时间处理语法项目，对学生在口头表达中的语法有错必纠，使学生产生焦虑。也有的教师在处理语言的流利性和准确性的关系时显得捉襟见肘、顾此失彼，往往为了追求准确性，牺牲了流利性，这种方法已经被实践证明是失败的。

众所周知，人们用于理解口语和书面语的语法知识与他们在写和说时所用的语法知识有所不同，即用于输入的语法知识和用于输出的语法知识有所不同。语法可以大致分为口语语法和书面语语法两种类型。口语语法的明显特点是省略、句式简短；书面语语法的特点是较口语语法更为精确、范围更广，以及结构复杂、句子较长、措辞严谨，主要应用于写作和阅读材料中。这种语法类型的划分对我们的启示是：在会话课教学中应突出在交际语境中的口语体语法，接受一些有意义的"出格"语法现象，力求交际的顺利与流畅，不拘泥于完整的语法规则；在写作和阅读教学中应讲解与分析比较复杂的语法系统，让学生接触"合法规范"的语法结构，做一些书面的语法专项训练，追求书面表达的准确性。

（二）重视语法教学就是一味灌输语法规则

重视语法教学就必须灌输语法规则，教师在课堂上以逻辑推理为基础，对语法规则进行详尽的讲解，把主要精力放在细致的语法项目研究和词义辨析上，学生要花大力气去记忆这些规则，埋头做大量的翻译、填空和改错练习；倘若有人反对题海战术或进行语法习题强化训练，那就是轻视或摒弃语法教学。这是从一个极端走向另一个极端，是语法教学认识的另一个误区。重视语法教学并非指一味灌输语法规则，而应根据授课对象、授课内容将相关内容结合到交际情境中。换言之，教师不应只是讲解语法项目、安排学生进行大量的笔头练习，更应重视培养学生灵活运用语言的能力。例如，对于课文教学中接触到的新语法点，可结合课文实例进行重点讲解，并以笔头、口头等形式将相关练习有机地、灵活地融入各种交际活动。关键是把语法教学贯穿于其他教学活动之中，在强调语法形式和发展产出能力之间找到一个平衡点。

（三）分散处理就是淡化语法教学

针对分散处理就是淡化语法教学这种观点，不少人认为语法分散安排就是不集中，不集中地学习语法就等于淡化语法教学，以至于淡化语法一度成为主流话语。这其实也是一种误解。笔者认为不应该把语言形式的学习作为一项独立的内容，而是要把语言知识的学习与语言交际能力的培养结合起来，在学习语言形式的同时学习语法的实际用法，也就是说，既要教语言的形式，又要教语言的功能。这一思路符合新课程标准强调的"语言运用"的目的。这也就是为什么在我们的很多不同版本的教材中，英语语法结构形式被分解成若干子项目，并分别安排在不同的单元中。这些语法子项目在具体的课文中与语言技能（如句型操练、惯用语、语音、语调）结合起来，有助于学生在实际的交际中得体地加以运用。实际上，语法教学一般难以一次完成，需要采用圆周式的多次循环逐步深入，即学—用的螺旋反复。因此，适当分散地学习语法有一定的道理。

（四）认为交际法就是反对教语法

产生这种看法的原因恐怕是认为交际法口语至上，只注重教口语、听说，忽视教书面语和读写。应当承认，交际法理论形成初期曾一度排斥语法，但很快发现排斥不了语法，并且明确提出语法能力是交际能力的一部分（交际能力还包括社会语言能力、话语能力和策略能力）。20世纪70年代末以来，交际法就始终把培养听、说、读、写技能活动视为综合语言活动，把口语和书面语放在同等重要的地位。交际法的倡导者们（如L.J. Alexander）强调语言形式与语言功能相辅相成的关系。把语法知识融入语言实践，在听、说、读、写活动中学习语法、巩固语法知识已经成为交际教学思想的一个重要原则。有学者认为，掌握语言知识是语言教学的核心，是学生具备交际能力的首要条件，但是对如何教语法缺乏深入的研究与应用。

再认识语法教学，不能止于认识语法教学的必要性，还要认识到语法教学在内容和方向上应该有所改革。

　　初中英语语法教学是英语教学的重要组成部分，是贯穿基础英语教学的一条主线。新教材语法项目繁多，如何运用有效的教学方法组织英语教学，是英语教师应该关注的问题。然而，实行新课改后，在教学指导思想上，一部分教师对语法教学失去重视，他们不再进行详细讲解，更不愿意花费时间探索科学、新颖的教学方法。教材中众多的语法项目无法一一重现，使学生很快遗忘学过的语法，更谈不上运用自如。这已成为影响英语教学效果的一大因素。自实施新课改以来，在一些课堂教学中，以语法教学为主的教学方式不再是英语教学的主导方式，教师们不再对语法知识做专门讲解，也不再要求学生死记硬背语法条文和机械套用基本句型等。对新课标英语教学认识的偏差，致使相当多的教师片面强调对学生语言交际能力的培养，过分强调口语的重要性。有的教师甚至认为，中学英语语法教学已经不重要了，并简单地认为实施新课标就是淡化语法教学，教师不用再关注基础语法，更不需要再研究语法教学的理念和方法。在日常课堂教学中，他们只是对教科书上的语法内容照本宣科地过一遍，对语法知识缺乏深入研究。

　　由于学生对基础语法知识和知识结构掌握不牢，他们不仅不会用得体的英语准确地进行口头表达，更写不出几句没有语法错误的英语句子。只有等到学生进行英语能力测试，发现教学效果低下时，教师才明白语法的重要性。殊不知，他们已经使教学走了弯路，耽误了教学时间，影响了教学效果。其实新课程标准所体现的不是学生被动地从书本或教师那里接受知识的语言学习观，而是在语言实践活动中建构知识、发展能力的语言学习观。这说明新课标下英语交际法的深刻内涵是在口语交际中尽量回避语法的机械性，而在实际操作中是离不开语法教学的。所以，经过初中一轮循环教学的许多教师在教学反思中都开始认识到不能忽视对语法的补充和训练，学生只有掌握了一定的语法知识，才能够在具体情境中加以运用。

二、英语语法学习困难成因分析

　　通过对教材的反复研究和对学生的广泛调查，笔者认为英语语法学习困难的原因可以归纳为以下四点。

（一）英汉思维、英汉表达的差异

中国人与西方人在表述问题的方法上确实存在许多差异，这些差异束缚了学生，成为他们英语学习中的困难。比如，在地址表述方面，英文是由小地点到大地点表达，而汉语则习惯由大地点到小地点表达；又如，汉语表述"桌上有几本书"，英语则表述为"There are some books on the desk."这种表达的差异性，需要调整、适应，从而给学生造成一定的学习困难。

（二）语法项目纷繁复杂

教材中每个单元都有新的语法项目。这些项目重现率低，运用机会少，使学生学习起来感到生疏。例如，在英语教材的单元中蕴含着各种基本句型和名词、形容词、代词等各种词性，还有主语、谓语、宾语、补语、状语、定语等句式结构，以及相关的时态和语态的使用方法，这些都会对学生的学习形成压力。

（三）语法教学单调乏味

语法教学由于理论性强，教师发挥性差，互动性少，教学内容枯燥而不具备生动性，容易使学生产生畏难情绪，也会使课堂气氛沉闷，导致学生产生疲劳心理。这些都对语法教学提出了挑战。教师若不能正视这些客观问题，把语法带到生活情境中讲解，就会陷入枯燥的教学境地。

（四）课堂教学缺少兼顾性

成功的课堂教学需要教师课前对知识点，学生的学习能力、兴趣特点等因素和环节有所把握，并进行串接和精心设计。事实上，在新课标的教材内容中，有很多可以运用互动教学的章节和素材。如果教师没有进行充分的课堂教学设计，教学手法缺乏创新，一味地按照单一的讲解法去教，就不能有效调动学生的注意力与兴趣，教学效果也会因此大打折扣。

三、英语语法课堂教学策略

通过多年的英语教学实践和研究，为了解决新教材语法项目多、枯燥乏味、难教难学的问题，笔者认为课堂教学可以从以下几个方面入手。

（一）联系学生实际，教学生活化

掌握了语法知识，并不能保证语言的正确应用。语言教学不是我教你学，更不是我讲你听。语言不是听会的，就像游泳不是看会的一样。在语法教学中，教师必须结合学生大量的生活体会，将语法与生活联系起来，将语法知识生活化，才能有效提高学生的学习兴趣，增强他们的语法运用能力。在学习英语的过程中，只要一提起"语法教学"，学生立刻就会想到"枯燥、单调和应试教育"。这使得在语法教学活动之初，学生就有一定的畏难情绪。因此，我们在教学中，首先要调动学生的学习兴趣，帮助他们克服畏难情绪。教师在备课中，需要注意将枯燥的理论与生活实际联系起来，特别要注意激活学生的元认知，通过日常对话，谈论学生最感兴趣的生活话题，将他们已有的知识调动起来，增强他们的学习动力。

课堂教学话题要力求从学生的生活实际出发，从他们身边的事切入。一方面，这会使教学活动与生活经验贴合得比较自然，有助于启发学生进行口语表达。在这样的基础上，教师做进一步引导，积极鼓励，便能够很好地激发学生学习英语的欲望，使其产生积极思维的动力，呼应教学。另一方面，在亲切的元认知中，学生容易找到自信，时常能用英语讲出许多好句子，使思维之门快速打开。他们在积极学习语法知识的同时，最大限度地活跃了课堂教学气氛，调动了自身的学习热情。联系生活实际，使语法学习生活化，充分调动学生的学习热情，是上好英语语法课的重要前提。

（二）注重能力培养，教学任务化

在任务型教学中，任务要涉及语言的实际运用。新课标对什么是"任务"进行了解释。英语教学中的任务是指有利于学生用英语做事情的各种语言实践活动。任务型语言教学应该遵循五大原则，即言语—情境真实性原则、形式—功能性原则、任务相依性原则、在做中学原则和脚手架原则。那么，怎样理解并在教学中运用这些原则呢？任务型教学的倡导者认为，在以功能为基础的教学活动中，有许多活动并不是来自真实生活，为了培养学生运用语言的能力，应该让其在教学活动中参与和完成真实生活中的任务。在完成任务的过程中，要使学生运用目的语言进行理解和交际，使他们的注意力集中在语言表达的意义上，而不是语言形式上。任务型教学的理念是让学生做事情，并在做事情的过程中理解语言、体验语言、运用语言。

（三）生动语法教学，教学情境化

传统的英语语法教学方法通常是教师先在课堂上讲解一定的规则，然后让学生做一些练习，接着对典型的错误进行分析，要求学生课后背会各种语法规则，再配以大量的练习进行操练，最终达到教学目的。这种形式使学生学得累，教师教得苦，而且收效不佳。如果将其转化为"视、听、说"教学的形式，并置于适当的情境中，就可以向学生真实而立体地展现语法的运用背景和使用环境，从而克服教师所设计的情境的非真实性以及例句简单化、公式化等遗憾，为学生创建一个摆脱母语羁绊，充分调动眼、耳、脑、口，对语言信息进行综合的语言习得环境。这样，学生会有身临其境之感，便于激发他们主动参与的愿望和渴望学会的热情。

真实环境的对话操练，可以帮助学生准确、快速地掌握和运用相关词组与句型，达到活学活用的目的。

英语教师在课堂上设法创造一个语言环境，让学生尽可能地多讲多练，是非常必要的。按照语言学习的规律，学生必须吸收相当的语言材料，并进行充分的语言实践，这是提高英语教学质量的重要环节。教师在课堂上要善于引导学生掌握语言的知识及规则。只有这样，学生在使用语言时才能脱口而出，真正学会使用语言。在语境中教学语法能使学生更深入地理解语言和词语，而不是只注意语言的形式和词语的片面意思，进而使学生认识到同一语句和词语在不同场合及不同情境中可能具有不同的意思，最终使学生真正做到活学活用。因此，创设语言实践情境是英语教学值得提倡的一种好方法。事实上，教材中有许多贴近生活实际、符合交际规则的对话题材，如问候、自我介绍、问路、看病、购物和打电话等。教师可指导学生进行真实情境下的对话、角色表演，在课堂上尽量使用英语，这是情境教学的一个基本要求。

（四）利用活动教学，教学兴趣化

对学习最好的刺激，是让学生对所学知识感兴趣，而兴趣常常产生于活动之中。当学生在活动中运用语言时，其大脑左右两个半球都在积极发挥作用，对所学语言的感知和理解更加清晰，想象更加活跃，思维更加深刻，记忆更加牢固。因此，学习要活动化，活动要交际化，交际要真实化。这是实际教学运用的重要手法和技巧。教师应该把握语法规则，将教学设计成学生感兴趣的交际活动，使学生的认识结构和立体意识和谐地统一起来。以学习定语从句为例，活动刚开始时，初学者倾向于使用简单句，而不是按照要求借助定语从句进行交流。因此，当要求各小组运用定语从句来完成对某一个未来家庭的描绘任务时，个别学生会这样描述小孩的房间："The child's room faces south. It is not big，but it is clean and tidy．"这个句子虽然表意很清楚，但是不符合要求。这时，小组同伴提醒他应尽量用"The child's room faces south，which is not big but is clean and tidy."来代替。这样的提醒，既帮助了正在描述的学生及时调整自己的句式，以符合任务要求，促使其注意新语法知识点在情境教学中的运用，又提示了即将参与描述的学生有意识地运用这一新的句型结构。在耳濡目染中，学生会渐渐地实现从"不知"到"有所知"、从"有所知"到"掌握"转变，从而为在接下来的自由交流中有意无意地学会运用这一新语法知识点奠定基础。

语法是各种语言结构的基础。随着人们的语言认知和语言使用的不断发展，作为组织语言的语法，当然也要发展变化。语法教学绝不是简单地传授知识，它要根据情境的变化而变化，要随着生活对它的丰富、演变而变化。这就要求我们在教学实践中认真思考、认真研究，不断挖掘和探索新的教学手法，不断更新知识，找到适合学生实际情况的教学方法，以满足发展着的英语学科对语法教学的要求。

总之，在实施新课程标准的过程中，我们应该避免从"过于重视语法教学"的一个极端走向"完全忽视语法教学"的另一个极端。语法能力是语言运用能力的重要组成部分，英语教学离不开语法教学。英语教师在理解、贯彻新课程标准的理念、教法时，一定要从教情、学情出发，以实事求是的态度学习、研究和使用各种语法教学方法。在教学中，我们要坚持以学生为主体，将语言教学与语言技能的培养结合起来，提高学生实际运用英语的能力。语法教学要紧密联系生活实际和学生实际，不仅要设法让学生掌握某些语言表达方式，还要确保他们学会运用。强调语言知识在实际交际中的运用，正是新课标下语法教学目标要求的精髓所在。因此，新课改下的语法教学必须体现"发现探究，实践运用，任务型活动，自主学习，合作学习"等新理念，这样才能牢牢把握教学的正确方向，使知识理论与生活运用趋向统一，实现新课改下英语语法教学的真正目的。

第三节 语法在新课程教学中的地位

一、新课程下英语教师的教学观念

旧课程观认为课程是知识，因而教师是知识的传授者，是教学的中心，学生是知识的接受者。而新课程观认为课程不仅是知识，也是经验、是活动。课程不仅是文本课程，更是体验课程。课程不再只是知识的载体，更是教师和学生共同探求新知识的过程，是学生获取知识的同时进行自我建构的过程。旧课程观认为课程就是教材，教材又是知识的载体，因而教材是中心，而新课程观认为课程是教材、教师、学生、环境四因素的整合。教师与学生都是课程资源的开发者，共创共生，形成学习共同体。每个学生都带着自己的经验背景，带着自己的独特感受，来到课堂进行交流。学生从同学身上、教师身上学到的东西远比从教材中学到的多。旧课程观认为课程与教学是相互分离的，教师只有教材意识，只注重教材、教参、教学大纲、教学计划；而新课程观则认为课程与教学是整合的，课程是由教材、教师与学生、教学情境、教学环境构成的一种生态系统。

新的教学观念促使教师改变固有的教学模式，那种"以本为本"的时代已经成为过去，取而代之的是"以人为本"的新时代。因此，教学中教师必须采取新的教学方法与教学途径才能适应时代的要求，满足课程改革的需要。以人为本不是一个符号，更不是一个口号，它有着丰富的内涵。只有当教师把学生看作一个个活生生的、有着独立人格和独特个性的人，而不是接受知识的机器时，以人为本才会在教学中产生真正的意义。有了新的观念，教师才有可能致力于新的教学方法与教学途径的钻研，才能在新观念的指导下进行教学研究，初中英语语法教学也不例外。

二、新课程下语法教学的意义

英语课程改革的重点是改变英语课程过分注重语法和词汇知识的讲解与传授、忽视对学生实际语言运用能力的培养的倾向，但这绝不是说语法可以不教了，而是应该更好地在实践中摸索有效的教学方法与策略。语法是联系词汇与句子的纽带，有了语法规则才能完整地表情达意，才能使语言具备有条理的可为人们理解的特质。英语语法在新课程教学中的地位可以从以下两个方面来理解。

（一）培养交际能力并不意味着不教语法

有效的交际来自功能的理解和适当形式之间的和谐与平衡。交际语言知识是交际能力的组成部分，语法能力是交际能力的支持系统，交际能力的提高可以帮助学习者验证目的语的语法假设，巩固语法知识。反之，对语言形式的正确把握将促进交际能力的提高。所以，我们要在交际教学中融合语法教学，适时适度地组织学生进行语法学习，提高学生外语学习的效率。

（二）从学习英语的目的来看，需要学好语法

口语是学生在入门阶段必须接触的非常重要的语言形式，但学习英语的目的不只是口头交际，而且包括在全面培养听、说、读、写技能的同时侧重培养阅读能力，而在阅读过程中，借助语法才能正确理解所读的语言材料。语法教学的目的不是掌握语法，而是取得学习目的语的工具。在教学中，如果我们为了强调能力而不重视语法知识的教学，不要求学生学习语法知识，使学生缺乏语言的知识基础或知识基础不牢，那么谈能力就是一句空话，是不切实际的。当然，我们不提倡以语法为主体而忽视听说训练的"聋子英语"或"哑巴英语"的教学法，不提倡在说英语时思考语法规则，而是要做到"学语法—用语法—丢掉语法"。

学英语不是为了学语法，但借助语法学英语可以减轻死记硬背之苦，可以说语法是英语学习的"拐棍"。这是新课程给予我们的启示。因此，语法教学除了沿用我国传统教学中合理、有效的部分外，必须做出调整、改进和创新。

第四节　初中英语语法教学的基本原则及目标体系

一、初中英语语法教学的基本原则

英语新课程标准强调对学生交际能力的培养。交际能力由四部分组成，即语言能力、社会语言能力、语篇能力和策略能力，交际能力的培养离不开语言能力的发展，语言能力是交际能力的基础部分，而构成语言能力的语法也自然不可忽视。语法的特殊性赋予其应有的重要性和课堂教学的特殊性。综合影响语法教学的各种因素可以看出，要成功地开展语法教学需要遵循以下原则。

（一）激发动机原则

动机是一切教学活动的保证，语法教学也不例外。许多学生都对语法缺乏兴趣，因此，动机的激发在语法教学中显得尤为重要。动机的激发应注意以下几点。

1. 选择适合学生年龄、认知能力和语言水平的话题

教师在选择话题时应考虑以下几个方面：（1）话题是不是与学生的生活经历有联系；（2）通过参与相关活动，学生是否能够了解更多自己想知道的内容；（3）话题是否能够激发学生的想象力或好奇心；（4）学生是不是对话题已有所了解，并想和其他同学交换意见。

2. 创设情境

教师要尽可能为学生提供刺激视觉的物体，如图画、幻灯片等。

3. 增强语法练习的开放性

目前的语法练习以控制性机械练习居多，难以激发学生的参与热情。自由、自主是人的基本需要，如果允许学生按照自己的想法开展活动，学生的兴趣自然可以得到激发。

4. 形式和意义相结合

语法练习多注重语言形式，这是其不能激发学生参与热情的原因。练习不仅应该以意思的传达为重点，还应该创造一种信息沟，激发学生的好奇心，从而促使其参与活动，获取信息。

5. 充分体现个性化

个性化是指活动的源泉应来自学生的亲身经历、观点、情感。个性化活动有助于学生进行真实的交流，并于思想交流之中内化语言规则。

6. 应使学生适度紧张

根据"最近发展区"理论，一般来说，人们喜欢稍有挑战性的活动，这就要求活动不可太容易，应能给学生制造一定的紧迫感。教师要做的是给学生提供一个展现自我的平台，让他们能够充分展示自我。

（二）交际运用原则

交际运用原则是指教师要有意识地把学习语法的目的引导到实用和交际方面。语言是人类最重要的交际工具，英语教学的目的就是培养学生使用这种交际工具的能力。而学习语法的目的就是给学生语言实践能力的培养架起一座桥梁。贯彻这一原则应注意以下几点。

1. 充分利用教学情境，扩大交际活动

教师应把教学过程同时当作交际过程，教师讲课所用语法应涉及对学生有意义的、学生在生活学习中经常遇到的事物；教师组织教学、讲解、布置作业时应尽量使用英语课堂用语，并运用讲过的语法知识。

2. 调整语法练习结构

教师应增加围绕内容进行的语法练习，这些练习包括复述、造句、写作、翻译等。

3. 开展课外阅读，扩大语法接触

阅读也是一种交际形式，大量课外阅读有助于学生在阅读材料的过程中复习和巩固学过的语法知识，加深对这些语法知识的理解，从而掌握更多适合该语法项目的情境。

（三）循序渐进原则

循序渐进原则要求语法教学按照语法的逻辑关系、学生认知发展的顺序进行，使学生的语法知识和技能形成完整的体系。贯彻循序渐进原则应注意以下几点。

1. 增强所呈现的语法知识的条理性

一个语法项目有很多内容、很多例外、很多规定，讲语法要注意条理性、层次性，要由表及里，由一般到特殊，由单项到复杂，合理安排语法的教学顺序。

2. 了解学生的心理发展水平

低年级的学生和高年级的学生不同，因此针对他们将要学习的语法知识，教学方法也应有所不同，教师应针对不同年级的学生使用不同的教法。

3. 在初级阶段给学生打下坚实的基础

初中英语语法教学能够为学生将来的英语学习打下坚实的基础，教师更应注意语法教学的方式和方法，以利于学生更好地掌握所学知识。

（四）方法多样原则

方法多样原则是指语法教学应采取多种方法。方法多样原则使语法教学摆脱讲解规则、举例说明、练习印证的刻板教学模式，增强了教学的趣味性。方法多样主要表现在两个方面：一是多项语法多种方法，各项语法的变化或结构特点不同，意义、用法和功能也不同，所以应采用不同的教法。二是一项语法多种方法，讲解一项语法时，应根据语法的特征进行意义上的分析和推理判断的训练，所以单项语法教学应该采取多种方法。贯彻方法多样原则应注意以下问题：（1）把语法本身的规则、条例通过模拟的情境、实践学习或生活体现或表达出来，这样就不会使语法教学枯燥、单调；（2）应注意把语法同其他英语问题结合起来。

（五）精讲多练原则

精讲多练原则就是教师要讲得少、讲得精，同时指导学生反复练习。语法教学要发挥教师在教学过程中的主导作用，教师要准确地把语法知识传授给学生。这就要求教师抓住关键的语法问题进行讲解，讲清难点和疑点，同时指导学生加强各种训练，使学生在消化理解的基础上达到举一反三、化知识为技能的目的。练习要精心设计，要采用与目的、内容和学生实际水平相适应的方式，要讲求实效。精讲多练的方式有两种：一是集中讲和集中练；二是讲中有练，练中有讲。具体采用什么方式，要依据教学目的、教学内容和教学计划而定。

二、初中英语语法教学的目标体系

（一）初中英语新课程标准的目标

英语新课程标准是根据国家教育方针、政策和教学计划统一制定的指导性文件，它以纲要的形式规定英语教学的目的要求、教学内容、教学原则、教学方法，具有纲领性和权威性，是英语教学目的、任务的具体化，是指导英语教学和安排语言材料、编写英语教材和对教学进行考核的基本依据。它吸收了当今国内外先进的英语教学研究成果，结合我国英语教学的实际和学生未来发展的要求，对英语教学提出了大胆的改革。与以往的教学大纲相比，新课程标准在课程设置、课程目标、课程内容、教学实施和教学评价等方面进行了新的探索，构建了完整的课程目标体系。

1. 英语新课程目标的体系

根据学生认知能力发展的特点和学业发展的要求，英语新课程标准强调在进一步发展学生综合语言运用能力的基础上，着重提高学生运用英语获取信息、处理信息、分析问题和解决问题的能力，提高学生运用英语进行思维和表达的能力，让学生形成跨文化交际的意识和基本的跨文化交际能力，进一步拓宽国际视野，增强爱国主义精神和民族使命感，形成健康的情感态度与价值观，为未来发展和终身学习奠定良好的基础。按照基础教育阶段英语教学的要求，英语新课程标准在语言技能、语言知识、情感态度三个方面分别提出了不同的目标与要求。

（1）语言技能

语言技能包括听、说、读、写四项基本技能，其中听和说是知识的输入技能，而读和写是思想的输出技能。听、说、读、写是人类运用语言进行交际活动的主要形式，是人们获取知识、交流思想的重要途径，其在语言技能方面的具体要求是协调发展。从英语教学的整个过程来看，听、说、读、写四项技能必须综合训练，协调发展。听、说、读、写是统一的整体，它们的关系是紧密相连、相辅相成、互相促进的。在语言学习过程中，听是分辨和理解别人话语的能力，说是运用话语进行口头交际的能力，读是从书面材料中获取知识的能力，写是运用文字符号表达思想的能力。从教学实际来看，教师往往将听说合在一起教学，将读写合在一起教学。近几十年的语言习得理论研究表明，在处理听、说、读、写这四种语言技能的关系时，应当遵循"听说先行，读写跟上"的原则。

①听说先行。听说属于口语，读写属于书面语。语言首先是话语，文字则是记录话语的一种书面语形式，所以口语是第一性的，文字是第二性的。就人们掌握语言的过程来看，总是先掌握其口头形式，然后掌握其书面形式。学习英语时，先听说，后读写，这个学习规律是不可违背的。通过听说训练，学生容易学习地道的语音、语调。听说训练易于反复操练，易于发现和改正学生的错误，易于使学生养成良好的听说习惯。听说训练要求反应迅速，不容过多思考，这有助于培养学生用英语思维的能力和直接运用英语的能力。同时，听说训练使学生的注意力高度集中，随时处于积极的学习状态，这有利于提高课堂教学质量。

②读写跟上。在英语教学中，读和写是紧密相连的。读是写的基础，读可为写提供语言、内容和典范，"读书破万卷，下笔如有神"便是这个道理。写可促进学生对词形的辨认，从而有利于提高阅读速度；写作经验丰富，有助于阅读中的理解、欣赏和吸收，有助于提高阅读能力。

（2）语言知识

在英语教学中，语言知识是指语音、词汇、语法、功能、话题等方面的规则、定义、概念和用法等。英语教学既要培养学生的言语能力，又要教给学生必要的语音、词汇和语法知识。要让学生掌握语言基本知识，提高语言技能，教师就要做到以下三点。

①发挥英语的交际功能。英语是一种交际工具，英语教学的目的就是培养学生运用这种交际工具的能力。要培养学生的交际能力，教师就要力争做到英语课堂教学交际化。在进行语言操练时，不仅要给学生一些开口的机会，还应尽量利用教具，创设适当的情境，用英语做交际性的、真实或逼真的演习，鼓励学生在说英语时带有表情并伴有手势、动作等。这样，学生不仅会学得有兴趣、有成效，而且能真正学会运用英语。

②强调语言学习的全面性。在教学中，教师要把语言知识的教学和语言技能的培养结合起来。语言知识的教学和语言技能的培养要同时进行、相互融合，让学生边学边练，学练结合，以学带练，达到既学会知识又学会运用的目的。为了使学生能够把所学的语言知识转换为听、说、读、写技能，教师要在

课堂上创设模拟的或接近真实的语言交际情境，让学生进行语言交际活动，并在这些情境和活动中真正学会语言，掌握和发展综合运用语言的能力。

③训练方式多样化。在教学中，教师要把机械操练、有意义操练和交际性操练结合起来。机械操练是指模仿、记忆和反复练习，如记单词、句型操练等；有意义操练一般是指活用性的练习，如围绕所给情境进行的问答、对话、造句、复述等练习；交际性操练是指用语言表达思想的练习，如联系自己的生活实际，利用课文中的词句叙述自己的思想，谈论学习课文的体会、自由对话、问候、打招呼等。这三种训练方式，一种比一种更接近语言交际，要求也不断提高。教师在教学过程中应灵活运用这三种训练方式，为提高学生的语言能力服务。

（3）情感态度

情感态度是指兴趣、动机、自信、意志和合作精神等影响学生学习过程与学习效果的相关因素，以及在学习过程中逐渐形成的爱国意识和国际视野。情感是人对现实世界各种事物所抱的不同态度和不同体验。情感对个性心理特征和行为动机都有较大影响，是影响学习者学习行为和学习效果的重要因素。新课程标准强调在英语教学中要尊重、理解学生和进行学生良好品质的培养；强调通过影响学生的情感来培养学生的学习兴趣，增强学生的学习动机，调整学生的学习态度，让学生树立自信心，锻炼意志力。应当看到，情感教育在我国英语教育尤其是应试教育的大环境下，历来是一个薄弱环节。许多教师在抓英语教学时，注重的是学生语言知识的学习和智力的发展，而忽视了学生情感的发展。因此，在英语教学中要把情感因素和认知因素有机结合起来，以情感因素为重点，促进学生语言认知能力的提高，这样才能达到大面积提高英语教学效果的目的。

2. 英语新课程目标的特点

（1）关注学生的综合能力

新课程标准面向全体学生，不过分追求课程体系的严密性、完整性和逻辑性，改变以往课程繁、难、偏、旧和过于注重书本知识的状况；加强课程内容与学生的生活以及现代社会和科技发展的结合，关注学生的学习方式和情感体验。新课程标准注重与学生的生活体验相结合，激发学生的学习兴趣，让学生在现实生活中获得必要的语言知识和语言技能；培养学生的学习能力、动手能力和创新精神等综合素质，为学生的终身发展打下良好的基础。大纲的教学目的仅限于听、说、读、写、语音、词汇、语法方面，而新课标将语言技能、语言知识、情感态度、学习策略和文化意识融为一体，构建了全新的英语能力观，使得英语教育的目标由单纯的英语技能培养上升为英语素质的提高，为学生的未来发展和终身教育奠定良好的基础。将情感态度、学习策略、文化意识作为课程目标是此次英语新课程改革的重要特点。这拓宽了英语新课程标准的内涵，体现了课程适应人的全面、整体发展的指导思想，展现了课程目标的完整性，既有利于培养学生的综合能力，也有利于学生形成跨文化交际的意识和能力。

（2）以学生为本

英语新课程标准强调英语教学的人文性，体现了以学生为本的教育理念。以学生为本是相对以学科为本而言的。以学科为本强调学科的科学性、系统性和完整性，忽视了学生的身心发展，把学生看成被动地、机械地接受知识的容器。以学生为本则强调教学活动中人的因素，把人放在重要地位，以学生为主体，注重培养学生的创造性；以开发学生的潜能和天赋，培养学生的综合素质，使学生得到全面和谐的发展为根本目的。它认为英语教育应该是多重目标的全面教育，即英语教育应是对人的思维、语言能力、品质、意志、情感态度、文化意识等全方位的教育；教学要面向全体学生，因材施教，注重开发学生的智力和培养学生的自学能力；要求学生学会学习，培养良好的学习习惯，形成正确的学习策略，提高自我意识、竞争意识、创新意识、世界意识。首先，要尊重学生的主体地位。以学生为本的教育的主要特征在于尊重学生的主体性、主动性和创造性。尊重学生的主体性意味着学生在教师的教育启发下进行自主认识活动和实践活动，一切教学活动都必须围绕学生开展，以学生为中心。尊重学生的主动性意味着教师应鼓励学生全面参与，积极思考，自主学习，亲自实践。尊重学生的创造性意味着培养学生的自我意识、竞争意识和创造意识，发展学生的创造性思维。教师还应注重学生的情感因素和智力因素，为每个学生的发展提供机会，不歧视任何学生。其次，要关注学生的可持续发展。终身教育是现代教育的重要理念之一。人类已经进入学习化社会，人们除了在学校接受教育之外，整个社会都将成为有目的、有计划、有组织的教育空间。学生要按照学习化社会的要求，不断发展利用英语获取信息、处理信息的能力，以适应终身教育的发展趋势。人本主义学习观认为，这是一种自发的、有目的的、塑造自我的愉快学习过程。教师在教学过程中要注重培养学生的学习兴趣，充分尊重学生的个性、人格和尊严；要研究学生的心理，尊重学生的情感，锻炼学生的意志，陶冶学生的情操；要把培养学生的兴趣、态度和自信心放在英语教学的首要地位，提高学生的可持续发展能力。最后，要尊重学生的个性差异。以学生为本应处理好学生的全面发展和个性差异之间的关系。英语教学必须面向全体学生，充分调动学生的积极性，努力创设良好的教学环境，使每个学生都有施展才华的机会。同时，教师也应该关注学生之间的差异，坚持因材施教。

（二）新课程理念与语法教学探索

新课标下的初中英语语法教学要求教师要转变教学理念，根据不同的情况、学生的学习水平、教学的要求，采取不同的教法。

1. 面向全体学生，关注学生情感

英语新课程标准要面向全体学生，帮助学生打好语言基础，为他们的终身学习和发展创造条件；应根据学生的认知特点和学习发展需要，在进一步发展学生基本语言运用能力的同时，着重提高学生用英语获取信息、处理信息、分析问题和解决问题的能力；逐步培养学生用英语进行思维和表达的能力，为学生的进一步学习和发展创造必要的条件。面向全体学生的英语新课程标准，有利于培养学生的自主学习能力，关注学生的情感态度，可以使教师站在学生的角度考虑问题，避免使学生产生焦虑、抑郁等负面情绪。

面向全体学生、注重学生情感的语法教学活动设计应经常被运用在日常教学活动中。类似的活动设计能够从以下三个方面发展学生的综合语言运用能力。

（1）这种活动设计几乎不涉及个体间的差异，尤其在课前收集资料阶段，每个学生都有获取信息的机会，也许他们的信息途径不同，但结果相同。获取信息的过程就是语言学习的过程，也是语言运用的过程。

（2）分组进行的课堂活动能为每个学生提供同等展现自我的机会，学生能在活动中体会语言的特点，能够在全班同学面前全方位地展示自己的才华，用刚学会的语言进行对话活动。这有利于培养学生的自信心，在一定程度上培养学生的合作意识。

（3）就具体活动本身而言，它们可以很好地培养学生的跨文化意识，使学生意识到世界文化的多元化特点，有利于学生在以后的学习和工作中以更宽广的视野与胸怀面对人和事，这也是个体综合素质的重要组成部分。

2. 突出学生主体，体现个体差异

学生的发展是英语新课程标准的出发点和归宿。英语新课程标准在目标设定、教学过程、课程评价和教学资源的开发等方面都突出以学生为主体的思想。课程实施应成为学生在教师的指导下构建知识、提高技能、磨炼意志、活跃思想、展现个性、发展心智和开阔视野的过程。在初中英语语法教学过程中，教师应时刻注意英语新课程标准的这一基本理念。每个学生都有独特的个性，即个性差异是普遍存在的，不同学生的认知水平、思维方式、学习风格和性格特征均有不同。因此，教师在教学过程中要充分尊重每个学生，特别要注意层次上有差异的学生，使每个学生都能积极主动地参与、发展；注重知识的拓展和迁移，想方设法开阔学生的视野，有效挖掘学生潜在的英语学习能力。这是新课标的一个重要特征。

（1）备课要做到教学目标明确。教学目标应该包括具体的行为目标或称作业目标。尤其是语法教学，明确的语法教学目标有利于教师的教和学生的学。对不同层次的学生应该提出不同的目标要求。明确的教学目标使教学活动有针对性，有利于全体学生的发展。当大部分学生都能够通过展示讨论成果表明他们已经掌握了所学语法项目时，还有一部分学生没有展示自己的机会，或根本没有展示成果的能力，教师这时要想办法让他们表达自己的需要，以便及时向他们提供帮助。

（2）交际情境的设计不仅要真实、富有意义，而且要为学生提供运用所学语言的时间和机会，活动方式要力求丰富多样，活动内容要力求生动、有趣。

3. 注重过程评价，促进学生发展

教师应建立能激发学生学习兴趣、发展学生自主学习能力的评价体系。该评价体系由形成性评价和终结性评价构成。在英语教学过程中应以形成性评价为主，注重激发和培养学生学习的积极性与自信心。因此，在英语新课程标准下的初中英语语法教学中，教师还要充分发挥评价的作用，以有效促进学生知识技能的发展，并在其意志品质的形成方面发挥作用。

英语作业评价是教学中最常用的评价方式，它本应是给教学提供最及时反馈的形成性评价手段，然而，如果教师处理不当，它也会具有终结性评价的特点，有时不能给教师和学生提供及时反馈，有时教师的反馈不能促进学生接受和吸收知识。因此，作业评价必须根据学生的具体情况，采取有效的评价方式，使学生得到及时明确的反馈信息，以便学生进行改正。

此外，对学生的评价还体现在日常学习生活中，如是否能够聆听老师的课堂用语，是否能够及时把学到的表达方式运用到学习和生活中去，等等。我们要关注学生的整体发展，而不仅仅是考试分数。

4. 倡导体验参与

英语新课程的设计与实施应有利于学生优化英语学习方式，使他们通过观察、体验、探究等积极主动的学习方式，充分发挥自己的学习潜能，形成有效的学习，提高自主学习能力。学生主动参与学习过程，体验教学情境，能够提高学习英语的热情和效率。教师在这一理念的指导下，应注重语法教学活动的设计，使每个学生都有参与的热情和参与的机会。这就要求教师在教学过程中精心设计教学活动。

第四章

初中英语听力教学策略

04

第一节　初中英语听力教学存在的问题

英语听力就是听懂以英语为母语的人说话的能力，它是语言能力的重要组成部分，是获取语言信息及获得言语感受的主要途径，更是学生"自然习得语言的重要途径"或"掌握英语教学的必由之路"。听力教学在外语教学中占有重要位置。随着我国中学英语教学体制的不断完善，特别是近年来强调基础教育要面向21世纪，在理论和实践上倡导与重视素质教育和创新教育，强化英语的社会功能，提高运用语言的意识，初中英语教材在编排上、内容上充分考虑"听"的能力的培养和训练，为实施素质教育和创新教育提供了必要的条件。因此，听力教学是中学英语教学必不可少的一部分。

此外，"听力"是听、说、读、写"四会"能力之首，其排列体现了学习语言的先后顺序，也反映了学习语言时的先易后难。正常人学母语，都是先会听，后会说，再会读，最后才会写。由于听的机会最多，又无文字负担，相对来说是最容易学会的。听也是培养其他语言能力的基础和手段。对初中生学习英语来说，听可以带来以下好处：一是印象深刻，促进记忆；二是快速反应，增强语感；三是用英语思维，直接理解原文。总之，听是语言能力之一，它对其他几种能力的影响是不可忽视的。

一、学生方面存在的问题

结合学生的实际反馈和教学情况，目前的英语教学普遍重视英语笔试，学生对笔试形式颇为熟悉并得心应手，而对听力测试则望而生畏，担心自己听不懂，"聋哑英语"现象较为严重。当前学生听力较差的原因主要有以下几个方面。

（一）语言基础知识的障碍

语音因素是学生感觉影响听力最大的障碍，认为由于语音因素而感觉到听力障碍的学生的比例是最高的，占所调查学生的绝大多数。语言基础方面的障碍主要体现在以下几个方面。

1. 语音障碍

一些学生一开始就没有掌握正确的发音或根本不会发音。部分学生意识中的音与形脱节，记住的只是英语单词的字母拼写形状，而没有正确的声音印象，不是不会读，就是读得不准确。部分学生看写在纸上或书上的英语，能根据其拼写确定是否认得，但是在听力训练中由于听到的英语单词的正确发音与自己意识中的发音不一致，便误以为是生词而听不懂；同时由于自身发音不标准，所听到的单词容易与近音词混淆，难以正确理解所听内容。

2. 语速障碍

英语课文录音读速较慢，教师上课时的语速也偏慢，久而久之，学生形成了习惯，一旦遇到正常语速的听力材料就不能适应，如遇到一些连读、弱读、爆破、重音转移等语音语调变化更是无所适从。还有的听力材料语速太快，学生更不能从容记忆和思考了。

（二）母语干扰的障碍

母语干扰成为影响学生听力的又一大障碍，比例为93%。许多学生在听英语材料时常受母语的干扰，习惯用中文逐词逐句心译，不能直接进行英语思维，由于增加了中间环节，反应速度及记忆效果就会受到影响。由于汉语句子结构和语序与英语存在很大的差异，依赖汉语来理解句子不仅速度慢，而且容易造成理解错误，不能做到听音会意，同时听的时候精力集中于心译，无暇顾及联系上下文，对于一些较长的、与汉语表达方式不同的句子，心译就更加困难了。

（三）文化背景知识的障碍

语言是文化的一种表现形式，学习英语必须懂得一定的英语国家的历史和文化背景特征，了解其风土人情以及生活方式和习惯。不少学生由于缺乏这方面的知识，听力理解产生了一些困难。例如，一些听力材料中常会出现Thanksgiving，April Fool等词汇，如果学生对西方的文化背景不甚了解就会对这些内容感到茫然；再如，英美国家的人见面时打招呼的方式以谈论天气为主，而中国人常从一日三餐谈起。因此，文化差异很容易造成听力理解障碍。

（四）心理因素的障碍

心理学家告诉我们，学生在听音时情感因素和听力理解的有效程度有着直接联系，当学生处于紧张、焦虑的情绪状态时，就容易产生恐惧心理，从而对本来可以听懂的内容在理解上大打折扣。需要注意的是，外部环境对学生的听力也有较大的影响，环境变化会使学生在心理上产生相应的变化。同样的听力内容，在教室里听教师讲授和在语音室听录音，学生的心理准备和心理活动方式是不同的，而多数学生又不善于调整自己的心理变化，从而造成听力理解上的困难。另外，学生听的动机是影响其听力效果的又一重要因素。学生听音的目的明确并有强烈的听音欲望，听力效果就好；相反，学生对听力活动不感兴趣，就会产生抵触心理和厌倦情绪，从而无法专心听，更不用说听懂了，听力效果就差。

通过以上分析可以看出，听力理解过程不仅与听者的语言基础知识掌握程度有关，也与听者的文化背景知识、听者的母语及心理素质有密切联系。

二、教师方面存在的问题

学生英语听力水平低既与学生自身有关，也与很多教师重笔试、轻听力的思想有关，当然还与教师的英语教学水平和方法、英语语音是否标准等诸多因素有关。

（一）忽视学生英语听力能力的培养

在学生英语听力能力培养方面，虽然有很多理论上的经验可以借鉴，但试图把它们用于教学实践时，总会遇到各种想象不到的困难，这无疑会束缚教师的手脚。在初中的起始阶段，英语教学就与应试教学紧密相连，学生的卷面成绩不但对学生至关重要，对教师来说，也作为学校评定其业绩不可或缺的一项，这就使很多教师不得不把所有精力投入帮助学生得高分的训练中，往往只注重训练学生的答题技巧，忽视了学生实际能力的培养，而实际能力又在实际应用最多的听说方面体现出来。学生的听说能力相对于读写能力欠缺很多，不能真正做到实际的应用，这也是许多教师被问及听力教学中存在的问题时所反映的最大困难，即教学的侧重点是根据中高考试卷的出题侧重点而定的，在学生的时间被各学科分割的情况下，听力技能训练的时间在英语听、说、读、写四项技能训练的时间中能占多少比例就可想而知了。因此，在有限的时间内如何提高听力教学的质量是一个极具探讨性的问题。

（二）忽视学生对语篇的整体理解

交际过程中的"听懂"并不是听懂某个词、句，重要的是理解一个完整的语篇。英语中的词汇有丰富的内涵，把同一个单词放在不同的句子中会有不同的含义，而同一个句子出现在不同的语境中所表达的意思也不同。因此，要想真正理解一篇短文或对话，就离不开具体的语境。只有结合具体的语境，才有可能达到对整个语篇的理解。因此，教师在听力训练中不应忽视这一方面的训练。此外，听力在语法方面存在的问题，主要是由于语法分析法用不上了，学生便自觉不自觉地以汉语的语序去套用，结果也往往造成理解错误。能听懂句子是听力训练的基本要求，而训练听段落、篇章的理解能力则标志着听力训练达到了一定的高度。教师应以此为目标，有针对性地对学生进行听力训练。

（三）忽视学生听力训练的目的性

在日常交际中，我们所进行的一切活动都是有一定目的的，听力训练也是如此。在听力训练前，一定要让学生明确听的任务，带着任务去听材料。学生往往只知道把录音材料听完，再看问题，却没有带着问题去听材料，即忽视听力训练的目的性。教师要先定下听力任务，而且不要忽视遵循先易后难、由浅入深的原则来选择适当的听力材料，这对训练效果、训练的持久性乃至训练成败都有直接影响。

（四）忽视学生的情感投入及情感策略

在英语课上，有些基础差的学生在听英语时容易产生焦虑、害怕、缺乏自信心等心理障碍。为了尽量避免学生产生这种畏难情绪，教师应鼓励学生树立信心，克服焦虑不安的心理，调整情绪。在调查中得知，学生都希望尽早地获得听的能力。然而，坚持听力训练也是一项锻炼意志和毅力的脑力劳动。教师应鼓励学生，只要坚持不懈，训练得当，辛勤的劳动必将给他们带来能力的提升和莫大的乐趣。

第二节　初中英语听力教学规划

初中英语起始阶段的教学要从视、听、说入手，听说训练的比重应该大一些；起始阶段以后，在继续发展听说能力的同时，要重视培养读写能力。考试、考查既要有笔试，也要有口试和听力测试。听力作为"四会"能力之首，要求我们在实施课堂教学的过程中，有意识地从"听"入手进行实质性教学，这无疑是进行听力教学最为常用且行之有效的训练手段。教师可以从以下几个方面对课堂听力教学进行规划。

一、建立必要的初中英语课堂听力教学常规

外语教育界老前辈许国璋先生说过：把语音学好了，就会尝到甜头。教师应让学生通过听录音、看视频进行规范性发音模仿，接触标准规范性的语音语调，力求有一个较好的语音基础，如对学生进行有针对性的训练，可以使他们掌握单词发音以及连读等基本技能。这既有利于激发学生的学习兴趣，活跃课堂气氛，调动学生学习的主动性和积极性，又能促进学生读写能力的提高。可见，培养学生运用标准语音语调的能力是非常重要的。

教师在指导学生听课文录音、看视频时，要让学生在听音过程中完成对课文大意的初步理解。在指导学生进行听力训练时，一要让学生进行大量的听力实践，做到天天听，月月听，持之以恒；二要选择好统一的听力材料，入门阶段的听力材料语音语调要规范，内容应由浅入深。

教师可以根据课文中的重点句式、难点或理解测试的需要进行录音播放，借助板书或其他电教媒体，指导学生逐渐深入地进行听力训练，如在听的过程中抓住关键词语，包括人名、地名、时间、事件等，目的是培养学生捕捉特定

信息及详细信息的能力。

英语学习中的一个重要过程是识记。教师可以在学生对课文材料比较熟悉的情况下，让学生反复跟读，这样印象深、记忆牢、语感强、提高快、效果好，是提高学生听力能力的有效方法之一。

二、设计合理的听力教学步骤，激发学生的学习积极性

为激发学生的学习积极性，教师应端正听力教学的态度，不断探索听力教学的方法，总结听力教学的经验，提高听力教学的水平。利用有限的条件，采用合理的教学步骤，最大限度地提高学生的学习积极性，是听力教学中的重要课题。

听力训练前教师要做好教学媒体的选择和听力教材的准备工作。教学媒体的选择，应视学校的具体情况而定。视觉支持能提高听力理解的程度，如果能保证每位英语教师都有一台录音机，每个班级都有多媒体设备，那么教师在上课时就可以利用录音、视频、语音室等多媒体手段进行教学，因为形象直观、生动活泼的视听材料有助于学生直接理解听力材料。

听力训练中学生应明确听的任务，带着任务去听材料。在现实生活中，人们进行听说活动都是有一定的目的和期待的。听力是在多听的练习中培养和形成的。教师在进行听力训练之前，应给予学生足够的时间去看题干和选项，让学生对所听材料有一定的了解，使学生在听的过程中寻找主要的语言信息。

在学生听完材料后，教师要进行及时讲评，要有目的、有针对性地进行，对学生在听力过程中存在的问题要及时纠正和解决，否则有些知识，学生自己很难掌握。讲评可采用师生讨论法。对于大部分学生都做错的题，教师有必要让学生再把有关内容重新听一遍，若时间实在来不及，教师应给予足够的解释，以确保学生能全面地理解文章。对于听力材料中出现的新的语言现象，教师应进行必要的讲解，使学生在听力训练中不仅能提高听的能力，还能学到新的语言知识。

此外，教师要注重对听力技巧的传授，如使学生会抓关键词、句，掌握某些语篇的常用语；听音之前尽快浏览选项，找出共同点和不同点，再根据自己拥有的背景知识联想、假设、推测要问的问题和答案。

总之，在听力训练过程中，教师要做到以下几点：第一，树立学生的自信心，排除他们的心理障碍。第二，避免急躁、急于求成的做法；把精听与泛听相结合，且两者并不是分阶段进行，而是要交叉训练。第三，注意培养学生对全篇文章的理解能力，而不是考查学生对听力材料的记忆，且注意及时讲评。

第三节 初中英语听力教学设计

一、认清听力教学的阶段性

教师在进行英语听力教学时，首先要对学生的基本情况有所了解，从而有针对性地培养学生的听力技能。吴祯福指出，一个学习英语的学生在听力理解方面大致要经历五个阶段。第一阶段，学生听到一串声音，对内容毫无理解。在这一阶段，教师要鼓励学生多听、常听，从而使学生对英语语音、语调产生一种语感，这种语感不仅对学生的发言有利，更重要的是学生会因此逐渐习惯英语的正常语流。第二阶段，学生可以在一串声音中辨别出一些孤立的、内容相互关联的单词。在这一阶段，学生最大的收获可能是养成一些良好的听力习惯。例如，学生在听的过程中如果遇到了生词，教师要注意避免学生产生紧张和烦躁情绪，而且发展学生抓大意、从上下文猜意思的能力。第三阶段，学生可以在语流中辨别出短语或句型，并通过短语或句型对日常生活中最基本的谈话内容有大致的理解。在这一阶段，教师应注意培养学生从整体上把握句子或短文内容的能力。第四阶段，学生能在语流中辨认出分句或句子，并知其含义，对所谈内容有大致的了解。在这一阶段，学生的困难往往在于与某些题材有关的词汇储备不足，教师应使学生大量接触与这些题材有关的录音，并反复多次地听，围绕某一题材的不同录音材料，使学生从上下文所提供的线索中猜出生词的意思，逐渐扩大词汇量。第五阶段，学生能连贯听懂所谈的内容。当然，即使学生的听力已达到第五阶段，随着听力材料题材、内容的变化，学生还往往会回到第三、第四阶段。要使学生在多数情况下做第五阶段的听者，则需要教师帮助他们不断吸收新的词汇和知识。

二、加强听力微技能的培养

在教学过程中，教师应加强对学生听力微技能的培养。对初学者来说，最重要的一种听力技能是辨音。教师可先让学生听单音，待其能力不断提高后，教师可以将语言单位逐步上升到句子或篇章。在听的过程中，学生会对英语的语音、语调和语流产生感性认识。获取主要信息的能力是一种重要的听力技能。学生在获得基本辨音能力的同时就应开始对听到的意思进行选择、分析，从而抓住主要内容。听懂一个语篇并不意味着要听懂每个单词或句子。在教学过程中，教师要培养学生分析冗余信息、选择主要信息的能力，并注意引导学生从整体上把握听力材料的大意。在课堂上，教师应适当将精听和泛听结合起来，并各有侧重。例如，教师可以让学生先听大意，并要求学生用三言两语来概括总结要点或主要信息，然后让学生精听，了解有关细节。预测能力也是一种极为重要的听力微技能。在日常交际中，人们往往可以通过语境对说话者将说出的话及其含义做出预测。预测能力的培养包括多个方面。在开始听力训练之前，教师可以通过提出与听力材料相关的问题或介绍相关的背景知识，启发学生的思维，并使学生对每次听力训练的目的和要求有一个明确的认识。这样可以使学生带着问题和任务，积极主动地投入听力训练活动中。教师也可以从语音、语调上训练学生的预测能力。猜测词义的能力是一项重要的听力微技能。上文已经提到，听力理解并非意味着听懂每一个单词，但有些词汇对听力理解起着十分关键的作用。听不懂个别语语是正常现象，学生有时完全可以根据听力材料所涉及的话题、语篇上下文、句法结构、词义关系、背景知识等因素对生词的意义做出适当的猜测。

三、重视听力策略的训练

近年来，许多研究者对学习者的听力策略产生了浓厚的兴趣，这方面的研究也层出不穷。听力策略是语言学习策略的重要组成部分，包括认知策略、元认知策略和社交情感策略三类。认知策略是指通过考虑如何储存和检索信息来解决问题，如捕捉关键词、捕捉非言语提示、推理、做笔记等。元认知策略包括对理解的计划、监控和评估，如选择性注意，即事先确定在听时应注意听力材料的哪个方面。社交情感策略包括请求对方澄清问题、自言自语以减轻压力或焦虑等。

大量研究表明，训练听力策略对提高听力技能具有较大的帮助作用，应予以重视。听力策略的训练可以在三个层次进行：（1）在隐蔽型训练中，教师让学生做一种需要某种策略的练习，但不指明该策略，也不要求学生对所使用的策略进行识别和讨论；（2）在有意识的训练中，教师事先告诉学生在听力训练过程中所运用的策略及其用途；（3）在受到控制的训练中，教师为学生提供机会对他们所使用的不同策略做出比较和评价。学习者在从隐蔽型训练向受到控制的训练转变过程中，其受益程度明显呈上升趋势。由此看来，听力策略的训练是听力教学中不可或缺的一个重要方面。教师应根据学生所处的学习阶段及其认知能力考核成绩，在教学过程中进行听力策略的训练。

四、注意将听力教学与其他技能教学相结合

听、说、读、写是人类进行正常语言交际必备的基本技能。无论是从语言进化的角度还是从语言交际的现实来看，听力理解在人类语言交际中都发挥着至关重要的作用。从语言习得角度来看，人类对语言或语言成分的听辨是语言习得过程中的重要一步，而且听力理解能力对其他语言技能的获得和提高起着重要作用。因此在听力教学中，教师应当将听力能力的培养与其他技能的培养结合起来，并以听力技能的培养促进其他各项技能的提高。这样做的原因在于，在日常语言交际中，听、说、读、写活动往往是相伴而生的，人们有时需要将听到的信息以口语或书面语的形式传递给他人，有时边听边做记录，有时为了更好地听懂某些信息，需要阅读文献资料或背景信息。在听前活动中，教师可以让学生进行讨论、阅读与听力内容相关的材料、预测听力材料的内容、词汇语法练习等活动，吸引学生的注意力并激活学生的已有知识。在听的过程中，教师可以要求学生做记录，锻炼学生做笔记的能力，这一点在教学中往往容易被忽视。听的过程结束后，教师可以组织学生进行适当的词汇语法练习，或者运用角色扮演、写作等活动加强学生对听力内容的理解。

五、充分利用现代化电教设备和学习条件

随着我国经济的发展，各学校的教学条件都有了不同程度的改善。目前，许多学校都拥有比较先进的多媒体教室或语言实验室。如果仅仅把它们当作放

音、听音和做练习的场所显然是不恰当的。应当充分利用其中的设施，播放一些电影、电视剧和专门为听力课或视听课编制的短视频。在听力教学中，使用视听材料可使声音和图像相结合、视觉和听觉相结合、语言和情境相结合。除了应采用一些常用的听力任务或练习外，还应注意使用仅适合视听材料的练习形式。例如，默看，即只放像而不放音，学生看完有关片段后对片中人物所说的话进行猜测，然后放音像让学生验证自己的猜测是否正确；再如，画面（镜头）定格，即将片中的某个画面予以定格，让学生预测画面中人物所要说的话。帮助学生提高听力水平仅靠课堂教学是不够的，应要求学生充分利用学校的电教设备，如录音机、电脑、点读笔等。此外，教师还应要求学生在课余时间练习听力，给学生布置一些课外听力任务，如要求学生观看某段视频后填空或听完一段录音后完成一份表格等。

第四节 初中英语听力教学的实施

通过对初中英语听力有效教学现状的分析，发现初中英语听力教学中存在着大量低效或无效的问题，在对这些问题产生的原因做了具体分析后，结合当前初中英语有效教学的实际情况，笔者充分研究与初中英语有效教学相关的多种因素，提出了提高初中英语听力教学有效性的实施策略。

一、加大教育投入，改善初中英语听力教学条件

教育资源的投入不但包括物质的投入，如校舍、图书、设备等，还包括人员的投入，如教师、学校管理人员等。教育资源的投入直接影响教育效益的产出，进而对整个社会的经济发展产生长远的影响。因此在教育体系中，要保证足够的教育资源投入。

教育系统是一个社会系统，其主要构成要素是人的集合。人的集合主要是指教师和学生，教师是两个最基本的构成要素之一。然而，在现行的初中教育体系中，普遍存在严重的教师配备不足的情况。在城镇地区，尤其是广大农村落后地区，英语专业教师配备比较缺乏。教师是教学的专门人才，随着社会的发展，其专业化程度也在日益提高，教师需要有专业意识、专业态度、专业知识、专业技能和专业品质。因此，在投入教育资源时，要保证足够的初中英语专业教师的投入，这是保证初中英语有效教学顺利进行的最基本和最重要的条件。

按照传播学观点，教育实质上是教育者通过一定的教育媒体向受教育者传播知识、情感和技能等的一种活动。随着社会的发展，教育媒体正经历由非电子媒体（如语言文字符号系统、模型、黑板和实物等）向简单的电子媒体（如幻灯、投影仪、录音机、收音机和语言实验室等）甚至更先进的电子媒体（如

电视机、计算机及计算机网络和人机交互设备等）的转变。在我国初中英语听力教学中，教育媒体整体相对落后，教学设备严重不足。在许多地方的多数初级中学，英语听力教学设备还仅限于录音机，语音教室更是凤毛麟角，这严重影响初中英语听力有效教学的开展。

二、修订英语教科书，增加初中英语教材听力内容分量

编写教科书是课程改革的一个重要方面，要实现统一的教学目标，可以采用多种教科书。当前的课程改革，需要有与之相适应的教科书。初中英语新课程标准的出台，同样需要能与之相适应的教科书。我国的传统教材受课程稳定性、基础性要求的制约，长期以来改革进程缓慢。当代教科书内容的选择不应该只关注知识体系，更应该关注与之直接相关的智力价值、发展价值、重视态度、动机和情感价值。

初中英语听力教材的编写，不仅要关注陈述性知识（回答是什么的知识），也要关注程序性知识（回答怎么解决问题的知识）。程序性知识对学生灵活学习和应用具有更为重要的作用。新课程标准要求学生具有的学习策略，如认知策略、调控策略、交际策略和资源策略等，都属于程序性知识。教科书的编写也正在由"教程"式向"学程"式的方向发展。初中英语听力教科书也应借鉴国外以学生需要为着眼点的思路，注重教材与学习主体的内在关系。

然而，当前初中英语听力教学还没有专门的英语听力教科书，所用的英语教科书无法体现英语听力的内在发展规律，不利于英语听力教学的顺利开展，也不利于学生提高英语听力能力。初中英语听力教科书进行改革的当务之急就是要有独立的听力教学用书。初中英语听力教科书应遵循由易到难的原则进行螺旋式编写，这对学生的整个学习过程都是有益的。

三、加强英语教师培训，提高初中英语教师听力教学能力

英语教师是英语教育活动的主要承担者，在整个教育系统中发挥着重要作用。随着社会的发展，英语教学对英语教师的要求也越来越高。一名合格的英语教师，不但需要具备英语教学所必需的听、说、读、写和译的基本功，还应该具备其他基本素质，如积极的教学和生活态度与情感、较强的判断能力、一定的文化素养及道德素质。然而，受教育体制的影响，我国初中英语教师的听

力教学能力普遍不高，这也是当前初中英语听力有效教学存在诸多问题的一个非常重要的原因。为了提高初中英语听力教学的有效性，使初中英语教学水平真正上一个台阶，就需要对英语教师加强培训，使其具备初中英语听力教学所需要的各种知识和能力。

（一）师范教育

师范教育是英语教师个体专业化的起点和基础，它是建立在英语教师的专业特性之上，为培养专业的英语教师服务的。师范教育应意识到责任重大，把学术性、师范性和服务性结合起来，把最专业的知识教给未来的教师。然而，目前有的师范院校教师学历不达标，开设的课程不合理，一些专业的基础课程也流于形式，如教育学、心理学和语言学等重要的课程使用的教材陈旧，没能把前沿的、先进的和实用的知识教给学生。这些都可能导致学生成绩低下，学不到高质量的专业知识，走出校门自然就不是一位合格的英语教师。因此，师范教育应该怀着高度的责任感，从源头上抓好教师个体专业化。

（二）新教师入职辅导

新教师入职辅导是指为让新教师尽快适应环境，转变角色，由有经验的教师对新教师进行辅导。入职辅导时，有经验的教师应注重对新教师进行两个方面的辅导和提示：一是教师应关注学生学习的起点，尊重学生的个体差异。学生的发展都是在自己"最近发展区"的基础上的发展，新教师在导入新课时尤其要注意这一点，切莫只图新奇，要本着学生能够接受的原则来设计课程，选择教学内容。此外，要让学生保持英语学习的动力并不断取得优异的成绩，就要让学生对教师、对英语及其文化、对英语学习有积极的情感。被动消极的情感不仅会影响学生英语学习的效果，还会影响其长远发展。因此在初中英语教学中，教师应营造宽松、民主、和谐的教学氛围，建立民主、融洽的师生交流渠道，经常引导学生反思学习的过程和评价学习的效果。二是新教师要虚心听取老教师的经验介绍，尤其是学生在学习中容易犯的错误、如何纠正学生的不良学习习惯等。这可以让新教师减少许多摸索的过程，工作起来更得心应手。

（三）自我教育

教师的自我教育是教师个体专业化发展的基本途径，是教师的一种专业化的自我建构。教师必须进行经常性的和系统的教学反思，以提高自己的业务素质和修养。教学反思是教师提高教学质量和自身素质的主要途径与重要保证，是一种高层次和高水平的思考过程，是教师对自己教学过程中每个环节活动的重新认识。职业发展最重要的前提条件就是对日常教学行为进行自我反思。教师要利用教学日志及个人记录等材料，通过观察自己或他人课堂教学的录像等途径，经常和全面地对自己的教学过程与教学结果进行反思，要思得、思失、思效和思改，要进行深刻的自我剖析；在教学中，要考虑教什么（what）、怎样教（how）和为什么这样教（why）；争做研究型教师，开展研究性学习，使自身的教学能力和科研水平都得到提升。

四、添置学校环境英语化因子，创设良好的英语学习氛围

在注重素质教育、关注教学策略的今天，初中英语教学也越来越提倡通过各种形式创设良好的英语学习氛围。鼓励学习者充分利用现代化的英语学习条件，努力营造自然而真实的英语交流环境，是目前我国初中英语教学"高投入、低产出"困境的解决方式之一。创设语言环境是学习语言的最佳方法，教师要把英语课堂当作培养和锻炼学生语言运用能力的场所，鼓励学生多听和多说英语，培养学生的英语思维能力。所以，应充分发掘身边的资源，为学生多创造一些学习英语的有利条件。

首先，初中英语教师在课堂上应努力使用英语组织教学活动，让学生在英语课堂上听到的和说出的全是英语，为学生创设浓厚的英语学习氛围，如给学生提供一个英语话题，鼓励学生用英语针对这个话题进行对话和表演。如此，不但锻炼了学生的英语口语，也使他们学到了更多英美国家的文化，使他们置身于英语的海洋，从而激发他们的学习热情和兴趣，扩展的英语背景知识，这样更加有助于他们英语听力能力的培养。初中英语教师可以充分利用上课前的3～5分钟对学生进行warming up，采用唱歌、游戏、猜谜等形式将学生引入课堂和导入新课；可以鼓励学生将课外学习的精彩内容带到课堂上分享给大家，并给予学生适当的赞扬或奖励；在英语教学过程中，也可以利用录音、简笔画、视频等增强英语教学的直观性、形象性与生动性；还可以对学生采用"结对""分组"的形式组织英语教学活动。灵活多样的英语课堂教学有利于活跃学生的思维，创设生动、活泼和浓厚的英语学习环境，能够激发学生学习英语的兴趣。但是，英语教师在使用英语组织教学时，应当注意选择简明、实用、阶段性和有利于学生接受的语言。英语教师也可以引导学生了解英语国家的历

史文化、风土人情、地理环境和生活习俗等，以此激发学生学习英语的兴趣，从而发挥其学习的主动性和积极性，达到教育目标。

其次，在课堂外可以通过组织活动的方式（如定期举办英语演讲、"英语角"活动等）创设良好的英语学习氛围。英语的实践性很强，学生英语水平的提高与"听、说、读、写"的实践紧密相关。说话人能否准确表达自己的意图、适应对方的语言习惯并准确理解所处的语言氛围，在很大程度上都要受特定情境的影响和限制。在汉语及中西方文化差异的影响下，中国的学生在表达英语时会不由自主地陷入"汉语式"的英语误区。创设一个自由、宽松的英语语言学习环境，让学生置身和融入语言表达的氛围，能够达到事半功倍的良好效果。

最后，还可以通过其他途径创设英语学习氛围。比如，学校的广播站可以每周利用一到两天的时间播放英语歌曲或趣味节目；学校的橱窗可以为英语留出一席之地宣传英语的课外知识，以扩大初中学生的英语知识面；也可以利用教室的黑板报来开阔初中学生的国际眼界；初中学校内的各种标志牌可以做成双语的。

总之，应积极地开发多种渠道，构建全面而优质的英语学习环境和方式，为学生创设良好的英语语言学习环境，保证学生在轻松、愉快的环境中学习英语，形成一套完整的英语学习的环境体系。这对激发学生的学习兴趣，提升其使用英语交际的能力，提高其学习效率，促进其形成英语思维，都将起到非常重要的作用。

五、开展英语实践活动，强化初中英语听力教学模式和方法的应用

（一）激发学生的学习动机

让学生把相互之间的竞争作为主要动机，还不如让学生向自己的能力发起挑战。兴趣是最好的老师，动机是最大的内在驱动力。初中阶段的学生往往精力充沛，思想活跃，但情绪不稳定，要提高其英语听力的水平，就要激发其学习动机，调动其学习情绪。

首先，英语教师要紧紧抓住课前的有限时间，通过各种形式，如播放英文歌曲、英文散文、英文故事和英文笑话等，吸引学生的注意力，让其产生好奇

心，激发其内在的学习动机。

其次，英语教师要善于利用网络听力材料，整合教学资源。教科书稳定性强，内容变化慢，不能及时呈现最新的、具有地域特点的和学生最感兴趣的话题。因此，英语教师在备课过程中可以从网络上截取难易适中的英语新闻和故事，如VOA、BBC等也有简单的英语节目可供初中学生使用和学习，这些材料与现实联系紧密，容易激发学生的学习兴趣。

最后，在对英语听力材料进行讨论时，英语教师要鼓励学生充分发挥想象力和内在潜力，畅所欲言，不设置标准答案和最佳答案，要肯定和鼓励学生的每一种见解。如此，才有利于培养初中学生的发散性思维和创新能力。

总之，为提高初中学生的英语听力技能，初中英语教师要想方设法调动学生学习英语的积极性和主动性，使其处于学习的最佳状态。

当前，在初中英语课堂上，学生的排列形式一般都采用"插秧式"，相互之间交流和合作的机会较少，这种情况不利于初中英语听力有效教学的顺利开展。初中英语教师在英语听力教学中可以采取小组学习的形式来组织教学，以增加学生之间的相互交流，提高其英语听力学习的效率。分组时，可以将学困生和优等生穿插起来进行组合，这样有利于学困生得到学习上的帮助和激励，优等生也可以在帮助学困生的同时提高自己；可以四人一组，听完一段英语听力材料之后，学生首先相互交流意见并进行讨论，然后选出一名同学代表本组进行发言。在采用此种方式的过程中，学习氛围要保持民主、开放和自由，这样，学生的学习兴趣才能得到激发。

（二）合理安排英语听力教学内容

教学内容是指教师教授与学生学习之间相互作用的过程中主动传递的主要信息，其安排得合理与否直接影响和制约着教学质量。初中英语听力有效教学必然要求英语教师合理和科学地安排英语听力教学内容。在安排初中英语听力教学内容时，教师应当着重把握以下几点。

一是结合初中学生的记忆规律，要求其及时复习已学内容。根据艾宾浩斯遗忘曲线，遗忘在学习之后立即开始，且遗忘的进程并不均匀。因此，初中英语教师在安排当天的听力教学内容之前，应帮助学生对已学过的听力材料进行复习，以加强其对已学过的语言知识的记忆，巩固其已掌握的英语听力技能。

二是安排英语听力教学内容时要由易到难。根据初中学生的学习特点，初中英语教师在安排听力教学内容时应遵循由易到难的原则，这有利于学生逐步进入学习状态，激发学习英语听力的热情，以达到提高初中英语听力教学效果的目的。

三是结合听力教学内容向学生传授听力技巧，如根据说话者的语气猜测所听内容，提高听力模糊的容忍度。掌握英语听力技巧，有助于学生更好地理解所听材料的内容，提高学生对英语听力的感知度。

（三）正确进行英语听力教学评价

学业评价通常从认知活动、技能活动和情感活动三个领域展开。有效性学业评价可以促进初中英语听力教学的有效进行。在对初中学生进行英语听力学业评价的过程中，需要注意以下几个方面。

一是重视以发展为本的学生学业评价。学生学业评价的发展功能是当代教育评价最关注的问题。学生学业评价强调以学生的发展为根本目的，其评价的目标、内容、方法和结果都是为促进学生的有效发展服务的。学生学业评价也强调学生评价的形成性作用。在实际英语听力教学中，教师应该重视形成性评价，如可以将教科书的一个单元或一节课的内容作为一个整体对学生的学业情况进行评价，这可以实现及时反馈，有助于教师依据评价所获得的信息及时调整和改善教育教学过程及学习过程，给学生提供有效帮助。教师可以根据反馈调整上课内容和讲课的重点，还可以在给学生布置作业时区别对待，如对未达到要求的学生布置与所学内容难度相当的作业，对达到要求的学生提出更高的要求，布置难度相对较大的作业，这样对每个学生的发展都可以起到促进作用。

二是重视对学生情感状态的评价。学生的学习活动是认知活动与情感活动的统一过程，认知可以改变情感，情感也能影响认知，如布鲁姆提出学生成绩差异的1/4可以由个人情感特征加以说明。因此，学生情感系统的丰富过程日益受到重视，成为现代教育的重要研究领域之一。英语新课程标准明确规定了初中英语教学的情感目标，包括：有明确的学习英语的目的，能认识到学习英语的目的在于交流；有学习英语的愿望和兴趣，乐于参与各种英语实践活动；有学好英语的信心，敢于用英语进行表达；能在小组活动中积极与他人合作，互相帮助，共同完成学习任务；能体会英语学习中的乐趣，乐于接触英语歌曲、读物等；能在英语交流中注意并理解他人的情感；等等。一位合格的英语教师应以科学的态度认真研究在实际教学中学生的情感态度，在对初中学生进行情感状态评价时，应采用观察、问卷等形式进行，不宜使用认知学习评价中较多的单一而具体的量化评价模式；要尊重和理解学生的情感表现，认真研究学生的评价结果，采取有针对性的补救和改进措施，激发学生对英语学习的兴趣。

三是教育家长以正确的态度对待学生的学业评价。家长在学生的学习和生活中扮演着重要角色，对学生的态度有重要影响。大部分学生的家长缺乏教育学、心理学等方面的知识，对下一代的期望往往又很高，通常无法以理智和科学的态度对待学生的学业评价。因此，有效的英语听力教学需要英语教师在实际工作中以深入浅出的方式，传授给学生家长必要的和实用的教育学、心理学等方面的知识，教育家长以正确的态度对待学生的学业评价，深刻理解学业评价的目的，通过评价结果，帮助学生分析原因，找出需要努力的方向，发现学生的优缺点，切莫随意打击、压制、批评和指责学生。初中英语教师还可以教给学生家长一些帮助学生养成良好学习习惯的做法，如家长为学生准备好必备的训练听力的工具，提醒学生经常进行听力训练并适时给予鼓励，等等。

总之，对学生进行有效的学业评价是有效课堂的要求，有效的学生学业评价也能促进教师进行有效教学。英语教师应该以高度的责任感、专业的知识和先进的理念全方位、用心做好学生的学业评价。

第五章

初中英语口语教学策略

05

第一节 初中英语口语教学存在的问题

初中英语口语教学既要重视语音，培养学生的语感，加强话题方面的训练，又要通过优化课堂活动，增加语言的输入和输出，从而提高学生口语表达的流利性和准确度，发展学生的口语表达能力。初中英语口语教学的要求是：说话或朗读时语音语调正确；用英语交流时语法正确，用词恰当，符合英语表达习惯；用英语表达时流利顺畅，内容充实，前后逻辑清楚。

口语教学是初中英语教学的重要内容与组成部分，加强英语口语教学不但是当前素质教育的一项要求，也反映了外语教学改革的趋势。新课程标准对学生的英语口语发展水平提出了具体而明确的目标，并把培养和发展学生的英语口语表达能力的目标要求提到了一个新的高度。在初中英语课程中，口语教学本身融于日常教学中，并没有单独开设口语课，所以在短短一周四五节课的教学时间内，教师要完成规定的语言知识教学并进行相应的复习、巩固和操练，已无剩余时间进行口语训练指导。此外，口语教学融于英语语言教学中的效率低下，甚至被淡化。同时，学生练习口语的主要场所是英语课堂，大班授课方式也严重制约着学生的口语操练，使学生没有足够的机会进行口语练习。部分省份对中考虽有口试要求，但学生口语测试成绩仅供参考，不记入总分，因此多数学校和学生对口语学习的意识与要求不高。强化口语的实践训练、反复操练等形式并未在日常教学中得以坚持，在"考什么学什么"教育指挥棒的影响下，英语口语教学容易从主观上被淡化和忽略。所以，为了培养学生的英语口语表达能力，对教师而言，首先要重视学生口语表达能力的培养，在英语课的设计中应有针对学生口语能力的培养内容，注重教学情境的创设，用任务教学法和教学原则中的交际性原则来设计课堂教学，培养学生在实际情境中运用英语表达的能力。目前，初中英语口语教学中存在以下问题。

一、缺乏语言环境

初中学生是在汉语单一语种的环境中学习英语的，除了每周有限的四五节英语课外，很少有接触英语的机会，课上所学的知识也难以在课外得到实际运用。这样的语言环境严重影响了学生口语表达能力的培养和提高。

众所周知，口语交际大多数是在我们的日常生活中自发进行的，所以提高学生英语口语交际能力最有效的途径就是进行大量的练习和互动。唯有通过不断的练习和实践，学生的英语口语交际能力才会有更大、更快的提高。在我国，由于传统教育模式根深蒂固，目前中学生英语教学普遍侧重词汇、句型、语法的教学，而忽视学生口语的训练，更谈不上口语交际能力的培养，这势必会影响学生英语整体水平的提高。

二、课堂教学模式单一化

传统应试教育模式使得很多学校的英语口语教学模式及课程形式固定在一个比较单一的范围内，过分注重灌输式教学，缺少交流与互动。有些教师并没有意识到多媒体教学是提高口语教学效果的重要途径，反而认为没有必要在课堂中运用多媒体教学，这使课堂压抑和沉闷，不能有效调动学生的积极性，因此教学效率低下。

三、学生缺乏自信，不够积极主动

很多学生对于开口说英语有一种莫名的惧怕心理，害怕出错，害怕被责备，害怕被嘲笑。这种恐惧心理会导致学生在进行英语口语交际时产生焦虑，严重影响正常沟通和思维的正常运转。然而，学生语言焦虑感的明显与否与其在学习中对待语言错误的态度有关。在学习过程中遭受过挫折和失败的学生，通常畏惧教师的批评，很容易产生恐惧感。这些学生往往缺乏自信心，没有足够的学习原动力，处于一种类似自我封闭的心理状态。因此，恐惧心理阻碍了学生英语口语交际能力的提升。

我们经常有这样的体会：教师要求进行口语对话练习，学生不主动，常常需要教师指派，冷场的情况时有发生，没有充分的讨论和交流。这一方面反映了教师的教学设计没有充分考虑到学生的情况，交流的话题乏味，教师的指导不够清晰；另一方面反映了学生对学习一门外语需要用交流来巩固的方法认识不足。

此外，一些学生明白学习口语的重要性，但是由于所处阶段的特殊性，缺少恒心，主观上不愿意吃苦，这就导致他们上课不积极参与，课外又很少有机会说英语，甚至认为学习英语重在考试，学不好口语没有关系。长此以往，口语水平停滞不前。

产生上述问题的主要原因可以分为教师层面和学生层面两个部分。

从学生层面来看，初中英语课本上的语句并不是很深奥，但是由于受母语思维习惯的影响，学生经常会按照汉语的字面意思去翻译英语词句，使翻译不能顺利推进，也使学生口语交际受到阻碍。据调查，大多数学生认为学英语遇到的最大困难就是受思维定式的影响，从而导致学生不敢开口，怕讲错。

此外，学生往往忽视英语口语的重要性。虽然为了应付中、高考，多数学生对英语口语的学习比较重视，但仍有很多学生认为英语口语用处不大，甚至用不着。特别是部分地区中考英语口语测试分数还没有记入中考的总分数当中，所以学生对英语口语重要性的认识不足，片面地认为英语口语无须额外增加训练。

从教师层面来看，传统教学方法有一种把口语训练简单化的倾向，尽管课堂都做问答，但内容仅限于教材上的课文，并不是真正意义上的交流。英语口语教学应该遵循一定的轨迹，最易理解的操作方法是循着它在自然状态下的发展轨迹，先听说后读写，循序渐进。

此外，教师主观上对英语口语的重视程度不够。从当前的教育体制来看，英语教育实质上仍是应试教育。绝大多数教师认为，英语教育的重点就是考试过关或成绩提高，在他们看来，学生考试成绩提高了，他们学习英语的目的就达到了，这种观念直接影响英语口语教学。

在国内，英语课堂主要由教师讲课为主，学生只能从教材录音中听到英语语言，教师教授语法规则、分析课文等占了课堂的很大一部分，学生只是听教师讲些固定的搭配和语法知识点，在教师的带领下重复课本中的知识点或者进行相应的练习。这种模式使学生在英语课堂上很少有练习语言交际的机会，学生参与教学的主动性和积极性被压制，阻碍了学生口语交际能力的提高。

第二节 初中英语口语教学规划

如何有效引导学生开口讲英语，用英语表达和思维，是当今英语教师共同面临的难题。我国中学虽广泛开展了英语口语教学，但是由于受应试教育的影响，中学英语口语教学没有得到足够重视，大部分中学生的英语口头表达能力差，不能进行基本的交流。中学阶段是学生口语能力培养的重要阶段。中学英语口语教学规划研究的目的在于形成有效的英语口语教学策略，从而激发学生说英语的兴趣，培养学生的英语口语表达能力和交际能力。

在教学理论指导下的英语口语教学策略主要有交际法教学、情境教学和任务型教学在英语口语课堂教学中运用。

一、交际法教学和英语口语课堂教学

将交际法教学运用在中学英语课堂教学中时，建议中学教师利用语境加强师生互动，提高学生对口语的自信，在培养学生兴趣的基础上逐步提高其英语的实际应用能力，通过英语学习氛围的创设、宽松学习环境的创造和现代化教学设备的利用等渠道来培养中学生的英语口语能力。

由于教学环境、师资水平、学生能力（词汇量，句型的掌握，语法知识的运用，语音、语调的准确度，跨文化交际的常识等）、心理因素、教材、教学设备等诸多因素的影响，我国中学英语口语教学出现了各种不平衡的状况，如教师的课堂授课完全汉化，学生的表达能力不够、口语发音水平达不到标准等。因此，建议在交际法的课堂中安排介绍、练习、发挥三个阶段。在不同的阶段，依据不同的形式，并根据学生自身的特征以及心理与生理特点，可以采用模仿、背诵、问答、会话、谈论图片、复述、游戏、角色扮演、讨论等教学方式来提高中学生英语口语表达能力及交际能力。

二、情境教学和英语口语课堂教学

情境教学就是以情境教学基本理论为基础，通过创设情境，实现语言交际的目标。英语情境教学法是指教师根据学生的年龄特点和心理特征，遵循反映论的认知规律，结合教学内容，充分利用形象，创设具体生动的情境，使抽象的语言形式变成生动具体的可视语言，创设尽可能多的英语语言环境，让学生更多地接触和感受英语、说英语、用英语进行思维、用英语的方式主导行为。建构主义认为，语言学习是与一定的社会文化背景——"情境"相联系的。轻松愉快的情境是英语口语教学的良好氛围和教学手段，其终极目标是提高学生的英语表达能力。创设的情境要轻松愉快并且贴近生活，有利于促进师生相互理解和表达思想，能激发学生说英语的欲望。

在英语教学中，教师应创设真实的语言环境或模拟情境，充分利用生动、形象、逼真的意境，使学生产生身临其境的感觉，利用情境中传递的信息和语言材料，激发学生用英语表达思想感情的欲望，从而培养学生运用英语理解和表达的能力，帮助学生从整体上理解和运用语言，促进学生语言能力及情感、意志、想象力、创造力等整体发展。情境教学法的特点是将言、行、情境融为一体，有较强的直观性、科学性和趣味性。口语教学中情境创设的具体方法有：运用实物教具，体现直观情境；利用电教媒体，激发学生学习的兴趣；运用体态语言，趣化语言情境。情境创设需注意：应以课本为依托，贴近交际实际；选材应具有发散性和可拓展性；应正视学生口语表达能力的差异。

在初中英语口语课堂教学中创设情境是现代外语教学理论的新成果，是语言学习的一种有效途径。然而，情境创设要注意方式方法，把握一定的原则，注意与教学内容和学生实际相结合。这样，初中学生的英语学习兴趣和热情就可以得到激发，口语能力就可以得到提高。教师要善于创设英语情境和环境，选择学生所熟悉的、感兴趣的话题和内容，运用生动活泼的教学方式达到良好的教学效果。教师要注意创造机会，让学生把课内获得的知识运用到语言交际的氛围中，让学生认识到英语学习的价值。

三、任务型教学和英语口语课堂教学

以任务为中心的语言教学思路是近几十年来语言交际教学思路的一种发展

形态，它把语言应用的基本理念转化为具有实践意义的课堂教学方式。

如今，在我国基础教育阶段的外语教学中，以任务为中心的语言教学思路得到了足够的关注，在学习任务的研究和设计以及教材开发和课堂教学中的应用也日趋广泛。任务型教学是指教师通过引导学生在课堂上完成任务而进行的教学，是一种强调"在做中学"的语言教学法。任务在英语教学中的应用已逐渐成为中小学英语教学的主流。倡导任务型的教学途径，培养学生的综合语言运用能力，要求教师依据课程的总体目标并结合教学内容，创造性地设计贴近学生实际的教学活动，吸引和组织他们积极参与；学生通过思考、调查、讨论、交流和合作等方式，学习和使用英语，完成学习任务。

任务型教学比较适合口语教学，运用任务型教学可为语言的学习提供充分的语言输入及输出机会，并能激发学生的学习自觉性、积极性和创造性，学生可以在真实的交际任务完成过程中获得英语交际的技能。任务是语言输入的一部分，它是目标语的载体。学生在完成任务的过程中，通过意义的协商以及对形式的关注，使语言能力得到平衡发展。任务的实施对语言的运用非常重要，如果任务选择恰当并加以有效的实施，将使学生语言的运用保持流利性和准确性的平衡。基于任务型教学论的初中英语口语教学模式以培养学生的交际能力为目标，其四要素是教师、学生、任务和情境，它们处于动态变化中。同时，在教学模式的运用和实践过程中，教师要遵循以下几个原则：（1）运用任务型教学的原则；（2）以学生为中心的原则；（3）培养学生交际能力的原则；（4）促进学生语言技能全面发展的原则。同时，教师要对学生给予合作学习、角色表演学习、自我评价等学习策略的指导。

第三节　初中英语口语教学设计

教学设计是以教学过程为研究对象，以获得最优化的教学效果为目的，以学习理论、教学理论及传播理论为理论基础，运用系统方法分析和研究教学问题，确定教学目标，设计、试行解决教学问题的策略方案，检验方案的有效性，并做出相应修改的过程。教师进行教学设计的根本任务是通过发现、分析和解决教学问题来提高教学效率。由此可见，教学设计是教学活动的计划形式，它依赖理论的指导，针对教学实践，对其理论进行研究和探索，使之最终应用于具体的教学实践，解决教学中出现的一系列实际问题。

教学设计一般包括课程的基本描述、教学内容分析、学情分析、设计思想、教学目标、教学重点和难点分析、教学策略、教学过程的设计、发展评价和设计说明。中学的英语课中应包含针对学生口语能力的培养内容，这就涉及英语口语课堂教学设计。

笔者认为，改进初中英语口语教学设计应当采取以下方法。

一、合理设置教学目标

教学目标是课堂教学的出发点和归宿。教学目标是否明确直接影响教学环节的设计以及课堂教学的实际效果。教师只有充分把握教学目标，才能确定教学的重点和难点，进而采用灵活的教学方法予以实现。

新课程标准的教学目标体系是由"知识与技能，过程与方法，情感态度与价值观"这三个维度组成的，体现了新课标"以学生发展为本"的价值追求。正确理解这三者的关系，也就成了正确把握教学目标的关键。例如，牛津版初中英语按照"话题—功能—结构—任务"相结合的思路，以话题为主线，任务为主导，辅以功能和结构项目，有意识地培养学生综合运用英语的能力。教师必须确立正确的课堂教学目标，包括知识目标和能力目标。结合英语学科特点，在实际目标教学的过程中，教师要确立三个层次的目标：一是识记层次的目标；二是理解层次的目标；三是综合运用的目标。

教学目标内容的设计要遵循循序渐进的原则，主要体现在：设计具有层次的教学目标，让所有学生都能够有所学习和发展，以体现教学目标的引导作用；注重并让学生知晓目标之间的前后联系，以减少对目标的理解难度；目标的设计应当注重全面性，能够体现课程教学环节中的内容，让学生有发展和提升的空间。

教学目标的设计还要注重整体性。教学目标设计的整体性就是在注重语言知识目标、语言技能目标和情感态度目标的同时，按照文本学习内容的知识点，突出重点，化解难点，让学生能够在各自的"最近发展区"内得到充分的发展，为提高他们的综合语言运用能力奠定基础。注重英语教学目标设计的整体性，不仅能够完整地体现课程教学要求，还能够为学生的语言知识学习和技能的形成提供有效的指导与帮助。在教学中，注重英语教学目标设计的整体性主要体现在：优化教学目标内容，体现循序渐进的原则；注重知识技能目标，夯实学习基础；关注情感态度目标，提升学科素养。这些目标设计在注重整体性的基础上，更有利于学生掌握语言知识的重点和难点，帮助他们在学习的过程中进行比较和运用。

教学目标设计的整体性主要具有如下特点：（1）关联性，即围绕基础与发展的要求，注重前后教学目标的相关性，要求学生在实现基础教学目标后进入更高层次的目标学习；（2）整体性，即教学目标设计具有一定的整体性，能够帮助学生在更好地熟悉文本教学内容的基础上提高自身的整体素养；（3）延伸性，即整体教学目标的设计在关注学生学习基础的前提下，注重培养学生的创新精神，以此来提高他们的学科综合素养。

二、注重教学过程设计

过程设计是教学设计的重要组成部分。过程设计是否科学直接影响教学目标的达成。教学过程设计是指根据教学目标和教学过程的基本要素，通过对教学内容、学生学习情况和教学媒体（含资源）的分析，描述教学过程的各个环节。教师设计教学过程时，应力求使教学策略、教学方法和教学组织形式的选择很好地结合起来，注重学生学习过程的体验，体现自主、合作、探究学习方式的主要特征。教学过程设计既要注重学生学科基本能力的培养和基础知识的掌握，又要注重学科思想的教育，还要反映学科前沿与科学、技术、社会的联系。教学过程设计还应该较好地体现过程性评价对学生发展的作用，体现教师的有效指导；突出教学重点、巧破教学难点，合理、有序地设计教学内容，恰当地安排课堂容量。教学过程的主要环节和重点内容部分要有"学情预设""设计意图""知识链接"等模块，以拓展和加深教学设计的内涵。

培养学生综合语言应用能力的总目标，要求教学面向全体学生，关注学生的情感，倡导任务型的教学途径。由于教学的中心由教师转向学生，学生成为教学的主体，教学设计必须以学生为本，教学过程设计也因此成为学习过程设计。教学以促进学习者的发展为目标，教学设计也应该以学习层次为基本层次，关注学习者的认知需求，根据学习者的需求开展教学过程设计。过程设计原则中的支架原则提到，教学程序的设计要求活动前后相关，前面的活动为后面的活动做准备，也就是说，前面的活动应为后面的活动的开展提供支架。

三、注重实践交际能力的培养

学习英语的目的是能用英语进行交际。根据语言学习的规律，学生必须吸收相当数量的语言材料并且经过一定量的语言实践，也就是充分的语言知识和技巧的输入才能获得初步运用英语进行交际的能力。所以，新课程标准要求教师在课堂教学活动中努力创设真实的语言交际情境，营造语言交际氛围，组织生动活泼的课内活动，以促进学生的英语学习，不断更新学生的知识结构，适应现代社会发展对英语学习者提出的要求。

口语活动设计标准包括四个方面的内容：具有与话题相关的背景，或者激活学生已具备的相关知识；学生与学生、学生与教师之间有充分的互动；学生与学生、学生与教师之间的交流要有信息差；学生有表达自己观点的机会。

第四节　初中英语口语教学的实施

要想有效提高学生的口语表达能力，首先要了解学生在口语交际中存在的困难，然后针对学生的实际情况对症下药，采取切实有效的训练方法。另外，教师也应注意自身素质的提高，尤其是口语水平的提高。提高学生的口语表达能力非一日之功，但只要我们坚持不懈，不断探索，总结经验，我们的英语口语教学就会迈上一个新台阶。

在英语口语教学实践中，可以通过以下教学策略的实施和运用来提高学生的英语口语表达能力。

一、构建良好的英语学习环境

通过良好英语学习环境的构建，为学生创设语言学习环境和语言交际环境。学校可以构建校园英语学习环境和开展丰富多彩的第二课堂活动，为学生创设良好的英语学习条件和英语口语实践机会，培养学生良好的口语表达能力。提高中学英语口语教学效果的相应对策有：通过建立"英语角"、举行英语节目会演和英语竞赛来增加学生锻炼口语的机会；提高教师自身口语表达能力；充分利用多媒体进行口语教学，增强课堂的趣味性和学生的自信心。

二、创设语言交际环境

通过课堂语言交际环境和课堂语言交际情境的创设，可以培养学生的英语交际能力。教师在教学过程中要注重培养学生说英语的兴趣，先要了解学生感兴趣的话题，然后在课堂教学中通过创设宽松的课堂氛围和交际情境，选择适宜性的话题，激发学生讲英语的热情和练习口语的兴趣，引导学生培养沟通交往能力。

教师要在教学方法上进行大胆改革、创新，摒弃原有的一些过时的教育教学方法，在教学中把英语口语与情景对话有机结合，形成独具特色的教育教学方法。笔者从以下几个方面进行了实验：由点到面，突破语音难关；增设英语演讲环节，锻炼英语口语；改编课本剧表演；组建英语兴趣小组；开展"英语角"活动；等等。

三、精心设计口语课堂教学

语言的输入对于最终形成主动、流利的语言输出过程是非常重要的。语言的输入与输出之间存在密不可分的关系，没有一定量的输入就绝不会有输出。也就是说，想让学生能够进行流利的口语表达，之前的输入工作要做到位。因此，教师应该对学生进行科学的语言输入。教师要通过口语教学的精心设计来培养学生说英语的兴趣和增加学生锻炼口语的机会；精心设计教学过程，注重各教学环节的衔接和贯通，课的设计层次分明、脉络清晰、环环相扣，使学生学有所获，对课堂语言交流活动产生兴趣并积极参与其中，锻炼口语表达能力；采取灵活多样、有效的教学方式，组织多样的课堂活动，如英语提问、情景对话、角色表演、口头复述、小组讨论等，以增加语言交流的机会。

在教学实践中，教师必须从确定合理的教学目标、创设生动真实的语言场景、准确地进行角色定位和分工、注重各环节的衔接和贯通、激发学生的学习兴趣和热情、增强语言规范和师生间的默契六个方面下功夫，以增强英语口语课堂教学的实效性；以任务型教学途径设计教学，以学生为中心，培养学生的综合语言运用能力。

四、加强学生基本功的训练

影响学生口语表达能力的语言因素多集中于词汇、语法、发音等。中学阶段是学生口语能力培养的重要阶段，中学英语口语交际能力策略研究的目的在于激发学生的学习兴趣，形成有效的学习策略，使学生掌握一定的语言基本知识和基本技能，建立初步的语感，从而获得基本的语言运用能力。在口语教学过程中，教师要加强学生语言基本功的训练，培养学生正确的语音和语调，并指导学生增加词汇量，了解构词法，形成词汇构建策略，为学生口语表达能力的培养奠定知识方面的基础。没有大量的"输入"，即语言知识的积累，就不可能有真正的"交际"。

五、建立学生说的自信心

教师要努力创设轻松愉快的课堂氛围，消除学生的心理障碍，使学生自然地融入课堂的交流活动。教师要鼓励学生大胆说英语，对于语法的对与错，不要顾忌太多，鼓励学生多说。对于学生口语表达上的语法错误，教师要避免过多地纠正，要用自己规范的英语口语去影响学生。学生一旦建立了说的自信心，也就有了说英语的兴趣。

六、充分利用多媒体进行英语口语教学

利用现代化多媒体教学设备，融视、听、说为一体的口语实践能够使师生在课堂上的交际活动处于一种良好的互动状态。多媒体辅助下的口语教学通过生动直观的形象和画面向学生展现语言背后的文化背景与人文知识，为学生创造了一个摆脱母语束缚、充分调动自身对语言信息的综合反应能力的环境，从而打破了传统口语教学只注重说而不调动其他感官参与的陈旧模式；通过大量的情景对话、小组讨论和角色表演等教学方式，将语言的学习和实践有机地联系在一起，充分体现了在语言情境体验中习得语言知识和语言能力的口语教学思想，这一思想也正符合英语新课程标准的目标和要求。

七、了解中西方文化差异

语言有丰富的文化内涵，文化与语言是密切相关的。文化上的差异反映在语言和交际行为中，而是否理解和懂得这些文化差异、文化制约与交际规则直接影响交际的成败。培养文化意识，就是要培养学生对中外文化异同的敏感性和鉴别能力，提高学生跨文化交际的能力；根据教学内容，向学生传授相关国家的历史地理、风土人情、传统习俗、生活方式、文学艺术、行为规范、价值观等。学习语言离不开特定的语言环境。学校要营造良好的英语大环境，不仅要营造浓郁的校园英语文化氛围，在潜移默化中培养学生的文化意识，而且要通过丰富多彩的、具有文化特色的教学活动，使学生增长文化背景知识，提高他们的学习兴趣，锻炼他们运用英语的能力。

　　在文化背景知识方面，了解一些文化知识可以弥补语言劣势，而文化背景知识的缺乏，很容易造成学生对语句的误用。教师要重视语境的作用和学生跨文化意识的培养，强调非语言交际方式对口语交际能力培养所起的作用；让学生了解中西方文化的差异，重视非语言交际能力的培养，从而在一定程度上提高学生言语表达的流利性。

第六章

初中英语阅读教学策略

06

第一节　初中英语阅读教学的概念界定

一、阅读

　　长期以来，人们对"阅读"这个词的理解可谓"仁者见仁，智者见智"。《现代汉语词典》认为，阅读就是能够看懂所读的文章，并且能够领会文章主要讲哪些方面的知识和内容。《中国大百科全书》认为，阅读就是阅读者从阅读的文章中获取文章大意和主要信息的过程。阅读既是一个心理上的活动过程，又是一个涉及生理方面的复杂过程。在这个过程中，学习者可以凭借自己的阅读能力来领会作者想要表达的意思和写作意图。这些语言文字在上下文的语境中被赋予了特定的意义，从而使人透过文字表象，跨越时空的阻隔，与作者进行思想和精神的沟通。阅读其实是阅读者对看到的语言文字进行选择的过程，其本质是通过书中谈到的外部事物，或者文本使用的语言文字引导思维的过程，其中包括对内容的预测、对信息的选择、对推理的检验和证实等一系列认知活动。也许我们在阅读的过程中，并不是每一个字词都认识或熟悉，但是根据自己的正常思维逻辑和判断，能够利用所读文本中的信息提供的线索进行判断和推理，最终达到对文本的理解。在进行文本阅读的过程中，阅读者并不是阅读活动和文章信息的被动接受者，而是积极、主动地参与到阅读活动中。阅读就是阅读者从所读文本中获取信息的过程。阅读的这个定义，强调对所读文本的意义的获得。也就是说，阅读是阅读者利用阅读前就已经获得的各种知识进行意义建构，然后从阅读材料中获取自己想要的信息的过程。

　　尽管语言学家和心理学家对"阅读"的定义多种多样，但从以上表述可知，阅读不仅是一种语言活动，而且是一种思维活动。在阅读过程中，人们既要看懂文字符号，又要明白文字符号代表的意思，还要结合自己的背景知识，把自己的个体心理认知和所读文本中的语言符号结合起来，并将其转换成思维符号，对阅读材料中传递的信息进行解码，从而准确地提取所读材料的意义，满足自己某一个或几个方面的需要和相关能力的提升。

二、阅读教学

阅读教学是英语教学的重要组成部分。有效的阅读教学，不仅可以提高学生的写作能力，而且可以提高学生的听说能力，使学生在学习、工作和社会交往中能用英语有效地进行交流。阅读教学课是一种高度综合和培养思维能力的课型，需要认真对待。阅读在我们的学习中起着无可替代的作用。正是因为其非常重要，所以人们才更要去攀登阅读这座"大山"。在英语阅读教学中，教师应当对文本进行多元解读，整合教材内容，结合学生的实际水平综合施教，在不同的时段和不同的课时中有所侧重，有所取舍。英语阅读教学强调学生对文本信息的理解，培养学生的学科思维能力，提升学生英语阅读的策略和教师教学的相关策略，关注学生阅读过程中的心理体验。英语阅读教学的实质是引导学生阅读和理解所读文本，在体验文本内涵的过程中学习英语语言，使学生获得阅读技能，提高思维能力。

阅读教学不仅要侧重增加阅读者的语言知识，培养阅读者的阅读技能，更要教授他们英语阅读策略，训练他们的思维能力。阅读过程是一个通过阅读者的心理认知和情感态度来解读所读语言符号的过程，其包含多种思考方式和书面语言传递的意义，并在此基础上达到阅读者与写作者进行交流的目的。

综上所述，阅读教学是英语教学的一个重要组成部分。阅读教学既要培养学生的语言知识和语言技能，又要提升学生的口头表达和书面表达能力，还要教给学生一些阅读策略，训练学生的思维能力。由此可见，阅读教学承载了许多任务，是一个融入多项训练目标的综合过程和系统工程。一方面，教师要在阅读教学过程中关注阅读教学各个方面的目标，如词汇的学习、策略的习得、语言的内化、文化的渗透和思维的培养等；另一方面，教师要充分意识到这些目标并不是在一节课内就可以完成的，而是需要教师对教学内容有全面的理解和掌握，根据教学计划和课程安排有所侧重与适当取舍。同时，教师还要明白这些方面并不是各自独立的，而是相互交叉和相互影响的。作为英语学习重要途径的阅读教学，承载了很大的信息量和不同的思维方式，是一种高度综合的脑力劳动过程。不同的文本，根据不同人的理解，可以进行多元的解读。因此，英语教师不能为了"教"教材而教，而要根据新课程标准的要求，创造性地使用教材来教。英语教师应当根据学生的实际水平，对文本进行合理解读，选取不同的角度和侧重点，在教授学生语言知识和语言技能的同时培养学生的阅读策略，提高学生的思维能力。

第二节 初中英语阅读教学的理论基础

一、新课程标准对中学阅读教学的总体要求

中学英语阅读是一种积极主动地思考、理解和获取信息的认识活动，是写作者和阅读者双方参与的一种书面交流活动。纵观历年中、高考试卷，阅读理解题均占相当大的比重，这充分体现了新课程标准中强调的"侧重培养阅读能力"的要求。

结合英语课堂教学改革可知，教师应改变英语课程内容繁、难、偏、旧和过于注重书本知识的现状，但这绝不是忽视学生英语基础知识的掌握和基本技能的培养。对于中学阶段的学生来说，加强课程内容与学生生活以及现代社会、科技发展的联系，关注学生的学习兴趣和经验，精选终身学习必备的基础知识和技能，是非常重要的。有关专家一再强调：英语教师不能矫枉过正，一定要改进语言知识的传授方式，改变死记硬背的现状，不能扔掉基础知识的掌握和基本技能的培养，这是学生语言能力发展的基本要求，是不可忽视的。

二、初中英语阅读教学模式

（一）信息加工模式

信息加工模式理论是美国语言学家高夫（Gough）在19世纪中叶提出的。该理论包含一个基本假设，即阅读是从对阅读文本中字词的解码开始的，强调阅读者阅读的文章才是其获取信息的主要来源。阅读者首先要辨认单词，然后通过理解文本不断地对所读文本传递的信息进行组合，从而完成整个阅读活动，获取写作者通过文字载体要表达的意义。这种阅读模式忽视了在进行英语阅读时人的主观能动性和上下文的语境对整个阅读过程的影响，把阅读过程当作一种仅仅应用语言知识就能进行的阅读活动，把阅读者看成一个仅仅被动接

收信息的机械的人。同时，它强调阅读者的阅读过程就像放电影一样，只是通过眼睛扫视文章中的字、词、句，并对所扫视的文章进行字词的解码，认为词汇和语法才是影响阅读的决定性因素。持这种观点的人在教学时注重以教师的讲解为主，从语法和词汇入手注重词语的辨析、结构的分析和长难句子的翻译等教学活动。这种教学模式忽视了阅读者对阅读过程涉及的高层次知识所具有的反作用，将严重影响阅读者对文本的理解效率和速度。

（二）心理语言模式

心理语言模式理论是美国心理学家古德曼（B.Benny Goodman）在20世纪60年代末至70年代初提出的。该理论认为，阅读其实是一场心理猜谜游戏，是写作者的思想和阅读者的思想进行交流的过程。这种交流是通过语言发生的。因为语言是思维的外壳，阅读者在对语篇进行解码时，有时候是有序的，有时候是无序的，所以阅读者是带着一种预期来阅读的。在阅读前或阅读中，他们期望对语篇进行信息处理，从而完成对所读文本的意义构建。阅读活动实际上是阅读者利用语言知识进行实际操作和运用的实践过程，强调阅读者已经具备的背景知识在其阅读文章的过程中起着非常重要的作用，阅读者在阅读过程中运用自己已有的背景知识，一边阅读，一边进行积极的思维活动。

（三）相互作用模式

相互作用模式理论是认知心理学家鲁梅尔哈特（Rumelhart）在借鉴人工智能研究领域最新成果的基础上提出的。该理论认为，阅读过程实际上是一个人所具备的多种语言知识进行相互作用的过程，即阅读者通过所掌握的词汇、句法和语义等方面的知识在阅读过程中的相互作用、相互支撑来理解文本并获取信息。仅仅运用任何一个或一种语言知识，不能促成阅读者对阅读材料的真正理解。阅读理解的过程，实际上是一个很复杂的综合语言知识和语言技能运用的过程。这一过程是融入阅读者的情感态度、背景文化，同时阅读者运用多种阅读策略进行阅读理解的过程。最好的阅读者是能够把"自下而上式"和"自上而下式"有效融合的阅读者。美国著名学者格里比（Grebe）重点指出了两种互动的方法：一种是阅读者和文本之间的互动，在理解文本过程中，不仅仅是文本给予的意义，更多的是阅读者的背景知识参与其理解过程；另一种是"自下而上式"和"自上而下式"两种模式之间的互动，流利的阅读包括解码和释义两个方面的技巧。

三、图式理论概述

20世纪70年代后期，有学者将心理学研究中的图式理论引入阅读理解研究中。该理论认为，交互式阅读模式是最有效的，英语熟练的阅读者在进行文本阅读时既有"从英语词汇转移到英语句子"这种自下而上的过程，也有"从整个篇章到英语字词"这种自上而下的过程。这两个方面的信息加工过程是同时发生的，并且发生在对所读文本进行认知理解的所有层面。最常见的图式一般有三种类型，即语言图式、内容图式和修辞图式。语言图式指的是阅读者在进行英语阅读之前就已经具备的语音、词汇和语法知识。内容图式指的是所阅读的英语文章的主题，即这篇文章主要讲的是哪些问题。如果阅读者能够理解这些，就说明其图式知识已经建立起来了。修辞图式指的是篇章结构方面的知识。每一种文章都有自己特有的结构和格式，认识到文章特有的结构会帮助阅读者更好、更快地理解所读文本。

四、人本主义学习理论

人本主义学习理论强调以人为本的思想，非常重视对学习者的思想情感、事物的认知、学习的动机和兴趣以及在学习方面的潜在智能等心理因素的研究。同时，它主张教师应设身处地地为学生着想，使学生时刻感受到学习的乐趣，从而能够全身心地投入对文本的学习。每个人都有自我实现和自我发展的需要，这是社会和个人前进、发展的原动力。学生自我实现的需要是学生学习行为的决定性因素。同时，学生还要具备为达到目的而进行创造的能力。个人所处的物质方面的环境和精神方面的环境，对学生潜能的发挥并不起决定性的作用，而只是起促进或延缓潜能实现的作用。为此，教师应当充分尊重与理解学生，为学生积极创设自由、宽松和快乐的学习氛围，激发学生英语阅读的积极性，为学生的自身发展创设一个良好的外部环境，促进学生的学习与成长。同时，教师应该注重引导学生在"做中学"。在学习过程中，学生能够应用所学的知识，学会"如何学习"；置身于"做"的过程中，有利于在英语阅读教学过程中，消除教师与学生之间、学习与实践之间、目的与手段之间的距离和对立，使学习成为一件非常快乐的事情。

在英语教学的过程中，每一个环节都不是独立存在的。阅读的过程其实就是阅读者在阅读时对所看到的信息进行综合提取和整合的过程。在阅读过程中，一个人长期形成的兴趣、爱好和自我管理能力，积累下来的语言知识和语言能力，以及对问题的认知、思维方式和思维能力，都会在阅读时得到考验，而一个人良好的语言功底和人文素养，则会影响他思考问题的方式。因此，在进行阅读教学时，教师应该对上述理论有深入的了解。这样可以帮助教师更好地设计阅读教学步骤和方法，引导教师有效地组织课堂教学，进而提高课堂教学的效率和效果。

第三节　初中阶段有效的英语阅读策略

初中阶段较为常见的英语阅读策略主要包括浏览、略读、预测阅读内容、猜测词义、识别指代关系、推断和克服不良的阅读习惯等。

一、浏览

浏览是一种快速阅读方式，其目的是了解文章的大意。因此，浏览不需要阅读者细读全文，而是有选择地进行跳跃式阅读。其特点是阅读速度要求较高，通常要达到一般阅读速度的两倍，约每分钟400词；而理解的精确度则要求较低，要求至少理解全文的一半。在日常生活中，我们在翻阅报纸杂志时使用的就是浏览的阅读策略。例如，在看报纸的时候，我们往往先浏览主要的标题，一旦找到自己感兴趣的文章，就会停下来进一步浏览。这时，我们可以采取三个步骤：一是通读文章的起始段和结尾段；二是细读其他段落的主题句；三是浏览一些与主题句相关的信息词。

二、略读

略读是另一种快速阅读方式，其目的是从较长的文字资料中查寻特定的细节内容。当我们查工具书、翻阅分类广告、浏览节目单和列车时刻表时，或者在某篇文章中搜寻年代、人名或地名以及所列举的事实时，所用的方法就是略读。如果说浏览对理解的精确度的要求还不是百分之百的话，那么略读则要求既快又准。要在很短的时间内准确地找到阅读目标，可以利用以下四个方面的信息：一是主题词。带着查找内容的主题词进行略读或在资料中捕捉关键词是提高阅读效率的重要手段。二是标题或图表。为了便于查阅，许多信息资料配有标题和图表。有时我们不看文字说明，通过标题和图表也能获得要查询的信息。三是版式和印刷特点。例如，词典、百科全书等工具书的词条一般是按字母顺序排列的，广播或电视节目的词条一般是按时间或频道排列的，广告的词条则按主题分类。了解不同的版式特点能够帮助阅读者快速地预测到有关内容可能出现的位置。四是文章中的专有名词。专有名词以首字母大写的方式印刷。例如，表示价格或价值的货币符号，以及用来表示书名的斜体字、表示年代的阿拉伯数字、用于强调的黑体和斜体及下画线等，都是很容易辨别和查找的。

三、预测阅读内容

预测阅读内容是阅读过程的重要一环。阅读不是被动地接收和理解信息的过程，而是不断地预测、验证与修正的循环过程。在阅读过程中，阅读者经常要借助逻辑、语法和文化等线索，对文章的主题、体裁、结构和相关词汇进行预测。

对文章主题和体裁的预测，可以借助文章的标题。比如，在阅读一篇题为"Memory and Learning"的文章时，阅读者可能会立刻猜出文章的体裁是说明文，内容是有关记忆与学习的关系。根据常识，阅读者还可能猜出该文的内容涉及一些人们的原有看法、研究的新发现或有关试验的描述等。这种对主题框架的预测是对下一步阅读与理解的一个导向性的铺垫。

对文章结构的预测包括三个层次的结构推理。

首先，篇章层次的结构预测，即按文章惯常的组织方式把握文章的脉络。一般来说，文章由三大部分构成，即开篇、正文和结尾。其中，正文部分不免会有过渡承转的词句或起衔接作用的段落。通过语篇连缀词和关键词等过渡承转手段，阅读者可以轻松地跟踪作者的思路。对于没有题目的篇章，写作者往往会通过开篇或结尾来锁定文章的主题。

其次，段落层次的结构预测，即利用段落的组织特点把握作者的思路和重要信息的位置。文章段落的扩展方式有时间顺序、空间顺序、过程顺序，或者例证法、定义法、分类法、因果法、演绎法、归纳法、比较与对比法等。熟悉段落的扩展方式对于捕捉主题句和划分段落层次十分有利。比如，以演绎法展开的段落，往往先提出论点，然后逐层论证；而归纳法的中心则可能要到段尾才会出现。

最后，句子层次的结构预测。它可以帮助阅读者忽略冗余信息，从而大大提高阅读效率。有特点的句子结构往往暗示着一定的逻辑关系。比如，当我们看到"He is so angry"时，马上会预测到下文会有一些消极的后果，如变了脸色、打坏东西、断绝交往等。采用平行结构的句子能够使阅读者从一种意念轻松地过渡到另一种意念，并感受这些意念的内在联系。

四、克服不良的阅读习惯

在对阅读策略有了一定的了解之后，我们还要克服一些不良的阅读习惯，因为这些习惯会影响阅读速度。影响阅读速度的不良习惯主要有指字阅读、有声阅读、心读、摆头、眼停过频、回读。指字阅读就是在阅读时视线跟随指头或笔头的移动而移动；有声阅读指在阅读时嘴唇在动，不自觉地小声读出每个词；而心读指在阅读时虽然嘴唇未动、声带未动，但头脑中一直读出并听到每个词的发音。显而易见，这三种阅读习惯都是除了眼和脑的参与以外，还有手、声带等器官的参与。可以想象，通过发声来刺激听觉，进而刺激大脑，以及通过动作引起视觉的注意，都需要通过大脑对刺激信号进行加工。参与的器官越多，加工的时间越长。这远远比让文字符号通过视觉直映大脑，转化成思维理解活动曲折得多。如果阅读器官仅限于眼和脑，则会大大减少语音和动作的干扰，有利于语音和思维的交流，并使阅读者迅速获取所需信息。克服指字阅读，可以用两手握书的两侧，使它们没有闲下来动作的机会。克服出声阅读，可以把食指轻放在嘴唇上，避免嘴唇的蠕动，也可以用手轻触喉部，防止声带振动。心读的情况，往往多数人都有，其有效的解决办法是尽量扩大视幅，按意群阅读，把阅读速度提起来，使大脑在获取意义的同时没有时间反映文字的语音信息。

摆头和眼停过频主要是因视幅较窄造成的。一般人的视幅有4～6厘米，一眼可以阅读5个单词左右。当阅读行宽比较大的书或杂志时，有些人会不由自主地把头从左向右轻轻往返摆动。防止这种情形发生的最简单的办法是用两手支住头部，从而控制其摆动的幅度。眼停过频和回读都属于不正确的眼球运动。在阅读中，目光随文字符号做连续运动，同时在单词上不停地短暂停顿，以便看清文字符号，这种停顿称作眼停。每次眼停的时间约为1/4秒。每次眼停时，眼睛能看清的字数大约为1.1个。有些人在阅读时习惯在每个单词上停顿目光，眼停次数频繁会使阅读时间增加，影响阅读速度和理解。为了减少眼停次数，可以扩大视幅，把逐字、逐句阅读改为逐行、逐段阅读，这就要求阅读者以词组、意群甚至句子为单位扫视。意群是由许多词按一定的语法结构组合而成共同表达一个完整意思的句子的基本单位。因为句子的整体意义是由各个意群联系而成的，所以在阅读时只要抓住意群，就可以获得句子传达的主要信息。

总之，阅读策略的选择与阅读的目的和阅读材料的要求密切相关。对于一部哲学巨著，一目十行的阅读不可能帮助我们准确地把握文章的主旨。而当我们浏览节目单时，则没有必要字字研读和品味。所以，教师要教会学生如何根据不同的阅读目的、不同的阅读材料调整自己的阅读策略。

第四节　优化初中英语阅读教学的策略

一、积极构建和谐的师生关系

（一）和谐师生关系的作用

在英语阅读教学中，一定要构建积极、和谐的师生关系。但是在当前的英语阅读教学中，许多教师往往更多地关注教学内容是否完成、语言知识目标是否达到以及教学环节是否合理等，而忽视了课堂上师生之间和生生之间的互动。这样不利于建立友好、和谐的师生关系。

中学生正处于特殊的成长时期。这一阶段的学生既有性格柔弱，需要大人鼓励和帮助的一面，又有成为成人，摆脱大人掌控的渴望。对处于这个特殊阶段的学生，教师应该设身处地地为他们着想，使他们感受到学习的乐趣，从而全身心地投入学习中。因此，教师在与学生的交往中要恰当地运用语言和情感等手段，通过倾听学生的心声，及时与学生沟通、交换对事物的观点和意见，使师生之间互相理解，彼此信任，彼此尊重，创设和谐、友好的学习氛围，形成良好的人际关系。教学活动中的每时每刻都有学生情绪的参与，这就需要学生有高度的自制力和意志力。如果阅读教学能够真正触及和满足学生的精神需要，那么学生就会乐于接受这种教学，学习效率自然也就提高了。每个人都有自我实现的需要，都渴望进行独立的个人创造，这是人所有活动的原动力，是一切行为的决定性因素。如果教师能够真正调动起学生的这种原动力，就可以在教育中消除教师与学生、学与做、目的与手段之间的距离和对立，使学习成为乐趣。此外，教师应清楚地认识到，知识不是教师教会的，而是学生借助必要的学习资料，在特定的情境中，通过自己的感悟获得的。所以，课堂教学中教师与学生融洽的情感沟通以及教师与学生之间良好的人际关系是进行英语阅读教学改革的关键。

（二）构建和谐师生关系的策略

1. 充分理解学生

理解学生是教育学生的前提。由于对学生的理解不同，教师对学生采取的教学行为也会有所不同。教师对学生的理解可以分为两个层次：一是把学生作为一个整体来了解和认识；二是对学生个体的了解和认识。其主要内容是如何看待学生的学习和发展过程、智力与人格上的差异及其影响因素，并对学生的行为进行合理的归因。要想正确地理解学生，教师就要树立科学的学生观，防止与矫正学生观上的偏差，了解学生的身心发展规律，并按照这些规律去教育学生。教师应该在理解每一个学生的基础上对学生的未来发展潜力有所推测和期待，这种期待会影响学生的发展，所以教师应该在与学生互动的过程中，不断给予学生积极的期待，从而对学生的发展产生积极的影响，而学生也会相应地向着教师期待的方向发展。为了充分发挥教师期待的积极影响，教师要特别注意以下两点：第一，通过访谈或问卷调查，认真了解学生的特点，善于发现学生的长处，对每个学生都应该建立起积极的期待；第二，不断地自我反省，注意自己的言语、行为和态度，避免因自己的不公正而耽误学生的发展。

2. 关注个体差异

在英语阅读教学过程中，教师要充分考虑学生的个体差异，认识到处于不同发展水平的学生有不同的需要，某些教学材料和方式不一定适合所有学生。为此，教师要因材施教。在照顾整体教学的同时，教师要善于抓住学生的个性特点，抓住一切教育契机与学生进行沟通。在阅读过程中，要达到知行合一，从而拉近师生的心理距离，提高教学效果。师生之间的教学交往指的是在教学情境中师生之间相互交流思想、感情、信息，并进行信息共享，这是实现教学目标的基本途径之一。

3. 创设和谐氛围

教师应积极地创设良好的教学氛围，创设能够沟通、互动、合作和分享的学习共同体。课堂上要有教师与学生的沟通，有学生与学生的沟通，有群体与群体的沟通，有群体与个体的沟通，教师要创设一个合作的文化环境，使师生真诚沟通，彼此信赖，发展合作精神和共享意识，激发自信和勇气，实现自我发展。对此，教师可以在英语课堂上多开展一些适合教学内容的小游戏，并借助这些小游戏促进学生之间的沟通和理解，让学生学会相互帮助，同时在游戏中体验到怎样准确地运用所学的语言知识。此外，在课余时间，教师也可以组织学生彩排一些小电影、唱歌，以及学习模仿电影配音的语音、语调和英语语言等活动；通过师生之间的教学交往使师生彼此了解，形成共同的观点和思想，进而协调教与学的认知活动、情意活动，保证教学任务和教学目标的顺利完成。

二、实现英语阅读多维教学目标

（一）情感态度教学目标

基础教育阶段的英语课程不仅要丰富学生的语言知识，发展学生的语言技能，而且有责任和义务培养学生积极向上的情感态度。其中，情感态度主要包括学习动机、学习兴趣、自信心和意志力，以及合作精神、祖国意识和国际视野等。比如，学习英语的动机、对学习英语的强烈愿望以及相信自己能学好英语的信心等是英语学习取得成功的前提条件，而这些情感态度既会影响学生的学习活动，又会影响学生将来要从事的工作和要参加的社会活动。此外，学习英语必然要接触大量的关于祖国和世界上其他国家的知识，这时学生的祖国意识和国际视野就会影响学生的认识与态度。

那么，如何对学生进行情感态度方面的教育呢？笔者认为可以从以下三个方面着手。

1. 通过学习词句来感知情感

例如，在学习人物传记类的文章时，教师可以将情感态度目标设定为"学习主人公的精神和勇于克服困难的品质"。这时，教师可以让学生阅读文本，找出文中描写主人公的特点、经历或感受的词句，了解主人公具有的一些特征和个人魅力，同时让学生在寻找相应词句的过程中体会主人公的心路历程。在此过程中，学生的心灵和思想会于无形中受到熏陶。

2. 通过角色扮演来感知情感

在讲解阅读课文时，教师可以引导学生利用各种感官，直接感知语言知识所承载的情感态度。比如，教师可以让学生根据文本进行表演，或者对阅读材料改编后再进行表演。这样，学生就能够在运用语言知识的过程中，直接感知语言的魅力和文本承载的情感，在增强学习兴趣的同时得到情感的熏陶。

3. 通过信息探究来感知情感

在英语阅读教学中，教师可以根据所教文本的体裁和要求设计补全文本的填词练习。这些精心挑选和设计的填空处都承载了文章作者的情感态度与价值观，学生完成练习的过程就是用心体会作者思想感情并受到熏陶的过程。

（二）阅读技能教学目标

听、说、读、写既是人类使用语言开展交际活动需要的主要技能，又是人类认识世界、获取知识、发展自身能力和相互交流情感必不可少的途径。从教学角度来看，培养学生用英语进行听、说、读、写技能是英语教学的主要目标。这四种技能只有得到全面、综合的发展，学生才可能轻松地运用英语进行交流活动。作为言语交际活动的方式，听、说、读、写四项技能是相互联系和相互依存的。教师应当结合课文阅读教学的实际需要，有所侧重地训练和运用某些技能。

教师可以就学生所要学习的文本，根据教学的总体目标，有计划、有步骤地设计不同的听、说、读、写、译等活动。在每节阅读课上，可以以某一个教学目标为主，有所侧重地进行训练，通过一定时间的练习逐渐实现最高的教学目标。教师可以将阅读课分为读前、读中、读后三个阶段，并围绕每个阶段的目标设计不同的活动板块。在读前阶段，教师可以通过开展小游戏的形式让学生快速进入阅读状态，为阅读做好准备。完成小游戏的过程也是学生完成小型听说训练活动的过程。在读中阶段，教师可以让学生采用边读边汇报的形式，把读和说有机地结合起来。在读后阶段，教师可以采用小组汇报形式让学生分组讨论，对所读文本进行小结，提炼重要内容；或者学完文本之后写一篇感想，把读和写结合起来，然后抽出一个小组进行汇报展示，教师通过学生完成任务的情况了解其学习效果；还可以用一些比较优美和经典的句子进行小型的英汉互译活动，让学生熟练掌握这些句子，并根据教师所给的具体情境进行仿写或改写，最终达到灵活自如地加以运用的目的。这样，在一篇文本中就融合了听、说、读、写的教学活动，要比单一的"读"留下的印象深刻得多，记忆效果也更好。

（三）学习策略教学目标

学习策略指的是学生为提高学习效率与效果，有目的和有意识地制订并使用的一整套有关学习过程的复杂方案。比如，有选择性地把注意力集中在某一个或某一方面的学习问题上，然后调集学习资源，选择并实施最佳方案，并在实施的过程中实时监控学习效果，调节实施方法。因此，教师应当鼓励学生合理利用丰富的图书资料、网络资源、多媒体和音像资料等，创设真实的教学情境，激发学生学习的积极性。此外，教师还要培养学生的自主学习能力，使学生能够更加自觉地规划自己的人生。

在英语阅读教学中，经常会用到许多学习策略，其中最常用的主要有复述策略、精加工策略和组织策略三种。

1. 复述策略

复述策略是为了保持信息，运用内部语言在大脑中重现学习材料或刺激，以便将注意力维持在学习材料上的学习策略。在学习过程中，复述是一种主要的记忆手段，许多新信息如人名、外语单词等，只经过多次复述后，才能在短时间内被记住并长期保持。

2. 精加工策略

在学习阅读材料时，为了让学生理解文章的内在意义，达到记忆目的，常常需要对阅读材料进行深入的分析和加工。为此，教师不仅可以让学生运用一些具体的记忆技术来记忆学习材料，如关键词法、视觉联想法和谐音法等，而且可以要求学生记笔记，发现新知识的内在联系，建立新旧知识之间的联系，帮助学生对所学知识进行概括和总结。

3. 组织策略

在学习阅读材料时，教师可以指导学生将其分成一些小单元，并对其进行分类，使每项信息和其他信息联系起来，以便理解和记忆。例如，列提纲、利用图形和表格、画思维导图等。在进行长篇课文的识记时，学生可以按照关键词列一个记忆提纲，或者利用文章内在结构脉络画一个图形、表格或思维导图，使文本脉络清晰、重点突出。这样，理解和记忆起来会更快，效果也会更好。

（四）文化意识教学目标

任何一个国家和地区都有自己独特的生活方式，都有自己的人文地理和传统习俗，都有自己独具特色的文学艺术、价值观念和行为规范等。文化背景知识可以为阅读者提供判断、推理和猜测的依据。如果文化背景知识不足，学生就会在理解与文化相关的知识时产生困难。因为语言既是文化的载体，又是文化的一个重要组成部分。不理解文化，就不可能真正学好语言；不掌握大量的背景文化知识，就不能教好语言。中国人和西方人在某些思维方式上的不同直接导致汉语与英语某些表达方式的差异。如果不了解这些差异，学生是很难理解这些知识的。

比如，在西方，人们用蓝色来表示"沮丧"和"消沉"；但在中国文化中，蓝色却被用来表示"肃穆"和"庄严"。在讲英语的国家，红色常被用来表示"愤怒"和"危险"；但在中国文化中，红色却被用来代表"喜庆"和"吉祥"。有些阅读篇章里涉及历史、地理、风俗习惯和文学艺术等方面的知识，如果学生缺乏相应的语言文化背景知识，就会在真实的交际活动中出现语法失误，从而影响跨文化交际能力的发展。如果学生缺乏文化背景知识，即使文章中没有生词和难句障碍，学生也无法理解作者想要表达的意思，自然也就无法理解文章更深层次的含义。所以，学生要想真正理解英语文字所表达的信息，就必须了解西方国家的一些背景文化和西方人思考问题的方式。只有了解了他们独特的思维方式和特有的社会文化，才能更好地理解所阅读的材料。

教师应该根据中学生的年龄特点和认知能力，积极地利用教材中的课文及相关的阅读材料，逐步扩展文化知识的内容和范围，加大对学生进行文化渗透的力度。没有学生会喜欢"干巴巴"的英语课堂，要想让学生感兴趣，教师就必须广泛地阅读，大量地备"料"，让英语教学真正做到"有血有肉"。在备课时，没有经验的教师往往只备教学过程与训练中需要的知识，如词汇、语法和例句等。其实，教师根据所授的课文主题准备一些看似无关的文化知识，是一个很好的教学方法。优秀的英语教师永远不会就语言而教语言，而是在日常教学过程中渗透大量的语言文化。这些内容也许不会直接有益于学生应付考试，但足以吸引学生的注意力，激发学生对英语学习的兴趣。同时，信手拈来的故事、常识和数据等往往可以展示英语教师的博学多才，从而赢得学生由衷的敬佩和尊重，激发他们学习英语的热情。

教师要多渠道地增强学生的文化意识，努力让学生做到无障碍地理解中西方文化的差异。文化层面引发的阅读理解障碍是最难消除的，因为人们对一个词、一个句子或一篇文章的理解都不能超越个体已有的知识体验结构。因此，教师必须丰富学生已有的知识体验，并让学生通过积累直接经验和间接经验增强自身的文化底蕴。为了培养学生的英语阅读能力，教师既要在英语阅读本身下功夫，又要在英语阅读之外下功夫。以初中阅读教学为例，教师在教初一和初二的学生时，应引导其加强英文报刊、童话故事、短篇小说等的阅读，有意识地多看英文原版的影视作品，开拓知识面，让其在潜移默化中逐渐了解英语文化；对于初三的学生，教师在讲评阅读理解类的文章时，如果遇到英语谚语和惯用法，就要有意识地让学生记忆和整理，在涉及英语文化背景时，教师要稍做点评，引起学生的关注，而不仅仅是核对答案。

三、确立学生在教学活动中的主体地位

（一）尊重学生的主体地位

新课程标准要求教师帮助学生实现学习方式的变革，让学生在实践中主动地、富有个性地学习。新课程标准强调教师要更加关注学生如何学。当学生被视为知识容器时，其主动学习的积极性和创造性的思维能力都会遭到扼杀。教师应清楚地认识到，学生才是进行学习和认知、进行信息加工的真正主体，学生才是学习活动的中心和知识意义的主动建构者。学生获取知识的多少取决于学生是否能够根据自身已有的经验积极地建构知识，教师在学生知识意义的建构中仅仅起到帮助和促进的作用。

（二）发挥学生的主体作用

人都有实现自我价值的需要和自我指导的能力。当学生意识到自己想要成为一个完善的人时，就会爆发出超强的意志力，充分调动自己的智力因素和非智力因素，竭尽所能地促进自己个性的发展和潜能的发挥。同时，学生还会有意识地根据学习内容来调动自己的情感、观念和价值观等非智力因素，增强学习动机，提高学习效果。

在英语阅读教学过程中，教师应该努力营造积极的课堂氛围。课堂氛围是一种综合的心理状态。比如，学生的知觉、注意力、思维、情绪和意志等许多成分的最佳组合就构成了积极的课堂氛围。在这样的课堂上，学生注意力高度集中，思维活跃，师生双方都拥有饱满的热情，配合默契，课堂纪律良好。教师在课堂上进行适时的提醒、恰当的点拨和积极的引导，会使课堂氛围宽松而不涣散、严谨而不紧张，使学生的积极性得到充分的发挥。

学习的过程其实就是获得知识、发展技能和提升智力的过程。在这个过程中，教师要充分重视学生在教学中的主体性。在每次开始新的阅读课前，教

师应主动与学生进行交谈，了解学生对每节英语阅读课的学习预期，确定英语阅读教学的阶段性目标，突出每节阅读教学课的重点和难点，善于激发学生的学习动机。在设计课堂活动时，教师要注重激发学生的学习兴趣，既要营造轻松的课堂氛围，又要为学生提供适当的学习支架，精心设计教学流程，使得教学环节环环相扣、循环递进，逐步引导学生达到教学目标，满足学生的心理预期。此外，在学习完话题词汇和功能句式之后，教师要及时为学生创设类似的情境，提供当堂互动的机会，让学生能够当堂掌握重点内容，能在真实情境中用阅读课所学的话题词汇和话题功能句恰当地表达自己的思想与观点；让学生体会到所学的东西是能在现实生活中用到的，懂得"学以致用"才是其学习的动力源泉。

四、合理地开发和利用多种教学资源

作为教学的一个重要工具，教材是英语课程资源的核心。它有着一定的编写体例和设计理念，其结构和内容都是相对稳定的。从整体上来看，它能立足于学生的共同基础，满足课堂教学的需要。但是教师应该意识到，在英语教学活动中必须开发和利用其他资源作为教材资源的补充，以体现英语课程的时代性，增强教与学的灵活性和开放性。

英语是一门应用性很强的学科。这种应用既可以指口头交流，又可以指阅读过程中运用英语这门语言来学习英语知识或其他学科的知识。随着社会的进步和科技的发展，出现了越来越多的科技产品，如各类英语学习App、电子书等现代化的教育资源。这些与学生的生活紧密相关的教育资源可以让学生在生活和实践中使用英语，极大地调动学生学习和使用英语的积极性，使英语语言变成富有鲜活生命力的日常交流和学习的工具。中学阶段的英语教学既要立足于课本，又要积极拓宽阅读材料的来源，加大英语阅读量，使学生在大量接触和使用英语的过程中熟练掌握英语。在面对课本和其他课程资源时，英语教师一定要做到以下两点。

（一）整体把握和合理利用教材

教师要善于结合教学实际的需要，灵活地、有创造性地使用教材，对教材的内容、编排顺序和教学方法等方面进行适当的取舍与调整。教材是一个沟通教与学的桥梁，它告诉教师要教什么和学什么，但是任何一种教材都不可能完全符合要求，也不可能完全满足各个地区、各个学校和每个学生的需要。所以，教师要结合本校的实际情况，创造性地使用教材，要用教材来教，而不是教"教材"。

在人教版初中英语教材中，每个单元都是以话题为核心，以语言结构和功能项目为主线的，在教学内容中安排了听、说、读、写等活动，通过任务型活动实现教学目标。教师可以根据不同的教育情境和要求，及时对教材进行取舍和整合，突出主题内容，激活学生相关的背景知识。教师在讲每个新单元之前，都应先浏览其标题栏和话题栏，预测本单元的主题及相关背景文化的内涵；通过观察功能项目栏、语法结构栏和写作任务栏，对单元涉及的重点语言知识、重要语法项目和重点句式做到心中有数，找出文本的重点所在，通过教材中的各类练习帮助学生进一步巩固语言知识和语法项目。同时，教师要深入了解学生的兴趣和学习习惯，以及学生的语言水平和学习困难，根据自身的教学经验，参考同行的有效做法，逐渐摸索出适合自己和学生的教材整合原则。

在讲授新课文之前，教师要明确作者的写作意图，体会作者的写作方法，感受作者在文本中想要表达的思想感情，抓住文本最核心的内容，体察作者跳动的情感脉搏，获得全新的阅读视野。大到一篇课文的结构，小到文本中的一句话或一个词，教师都要做到了然于心。此外，在备课过程中，教师还应从学生的视角出发来阅读文本。因为学生是学习的主体，只有了解学生已有的生活经验、认知水平、知识储备量、接受能力和对文本内容的已知程度，教师的教学设计才有依据，在讲课过程中才能真正做到有的放矢。在备课时，教师一定要重点研究学生对这篇文章最感兴趣的是什么，哪些知识是学生自己能学会的，哪些知识能与学生的实际生活相结合，哪些知识与学生的情感世界是相通的，哪些知识是学生感到陌生和困惑的，以及哪些知识是学生最容易忽略而又值得关注和学习的，等等。所有这些都需要教师进行精心点拨和引导。教师只有充分地了解学生、研究学生，才会使课堂成为心灵碰撞的理想场所。只有在潜心解读文本和充分了解学生的基础上，教师才能确定一节阅读课的教学目标，搭建适合学生学习的支架，设计出能够激发学生积极思维的问题情境，培养学生的英语阅读和理解能力。

（二）积极利用多种教学资源

教学资源除了教材这一核心资源之外，还有录音磁带、CD、练习册、多媒体教学课件、各类教学软件等，学生可以根据自己的喜好、个性和特长来选择。同时，科技的发展和电子产品多样化以及多媒体课堂等高科技手段与产品的运用，为现在的英语教学提供了更真实和鲜明的生活场景与很好的视听材料。为此，教师可以在课堂教学中借助投影仪和电脑等多媒体设备引入图像、视频等多媒体信息，对学生形成多感官刺激，以提高英语阅读的教学质量。

需要注意的是，任何教学辅助工具的使用都是有限度的，过犹不及。因为多媒体的使用，并不能替代师生课堂上真实的语言交流、思想碰撞、情感互动和人际交往活动。所以，在利用好现代教育技术的同时，教师要注意发挥传统的教学手段和教学资源的作用。此外，教师还要充分利用自身的生活经验以及学生的学习经验和实例，为英语阅读教学服务。

五、建立科学的阅读评价体系

阅读评价体系要适合学生的年龄特点和认知水平。初、高中阶段阅读评价的任务应具有综合、合作和思维等方面的特征，而不只是对简单的微观语言行为的评价。评价应更关注学生在完成综合性语言任务中表现出的自主收集信息和处理信息的能力，与人讨论、合作、沟通和协调的能力，以及有条理地展示任务成果的能力。但是在目前的中学英语阅读教学中，学生往往是被动地接受评价，并且评价往往等同于考试。因为学校最常用的评价方式就是测试，而测试的试卷主要是由教师来评判，学生的主动性作用得不到充分的发挥，忽视了学生间的个体差异，学生家长也很少有参与的机会。基于此，应该建立科学的阅读评价体系，具体可从以下三个方面入手。

（一）评价内容多元化

评价内容除了基本知识之外，还包括以下几个方面：一是学生对阅读文本进行预习、复习的能力；二是学生对阅读文本进行综合概括的能力，如图表演示等；三是学生运用阅读中学到的语言和功能句进行口头与书面应用的能力，如分角色扮演和朗诵背诵等；四是学生在阅读过程中和阅读后进行应用时与同学协调合作等方面的能力，如项目研究和实验报告等；五是学生在阅读过程中思维能力的表现，如课堂表现等；六是学生自主收集信息和处理信息的能力；七是学生在阅读后对合作成果进行展示的能力。

（二）评价主体多元化

既然学生是学习的主体，就要充分发挥学生的主体性，让学生成为积极的参与者和愉快的合作者。为此，我们可以采用自我评价的方式。此外，还可以充分发挥家长、任课教师和同学在学生成长发展中的重要作用，采用同伴评价、家长评价和教师评价相结合的方式。

（三）评价方式多元化

教师可以采用形成性评价和终结性评价相结合的评价方式，把定性评价和定量评价结合起来。具体来讲，评价方式有以下六种：第一，利用学生成长和学习档案袋来记录学生的阅读学习发展过程；第二，学生个人阅读学习效果反思；第三，根据学生在阅读活动中的总体表现进行评价；第四，通过个别交谈和小组讨论了解与评价学生的阅读表现；第五，通过组织开展实践活动等考查学生的阅读能力；第六，进行测试性评价，如阶段测试、单元测试、随机测试和标准化考试等多种评价方式。因此，教师在设计阅读教学评价时，一定要关注学生的个体差异性，设计出符合不同层次学生水平的评价目标，允许学生选择适合自己的评价方式，让不同的学生都有展示自己的机会，获得成功的体验。同时，教师要注重形成性评价的使用，让学生更加关注阅读学习过程。

英语阅读教学是学生学好英语最基础和最核心的教学组成部分。提高学生的阅读技能和理解能力是一个长期而又艰巨的任务。为此，英语阅读教学要从"以知识教学为本"回归到"以学生发展为本"，使课堂回归到学生自主、自立和自觉的学习状态，把人本关爱思想根植于课堂，构建以"生"为本的生命活力型课堂。教师的教育思维要从"眼中只有知识，心中只有分数"转向"眼中有生命，心中有学生"。相信只要教师能真正"导"好每节英语课，积极地创设适合学生及教学目标和教学内容的教学情境，合理地运用多种教学手段、教学方法和教学策略，充分调动学生学习的主体性和积极性，英语课堂教学就一定会实现高效课堂的教学目标。

第七章

初中英语写作教学策略

07

第一节　初中英语写作教学存在的问题

近年来，英语教学已经由传统的知识型教学方法向语言综合运用型教学方法过渡，提高英语写作能力的重要性也越发突出，而英语写作不仅是英语教学中的瓶颈之一，也是学生英语学习过程中尤为薄弱的环节。

随着英语新课程改革的不断深入，培养学生的交际能力已成为中学英语教学的目标之一。长期以来的"哑巴英语"现象受到了广泛的关注和研究，学生的听说能力得到了提高。相比之下，英语书面表达能力的培养在教学领域普遍受到冷落与忽视，初中学生的英语写作能力总体还比较薄弱。究其原因，一是现在考试中的书面表达命题比较单调，不少教师对写作的重要性认识不足，忽略了对写作教学深层次的探究；二是教师没有基于写作本身的特征和学生写作能力的现状，设置一套完整的、系统的和科学的写作教学计划；三是学生写作练习的时间较少。这些原因造成了学生从最初不会写、盲目写到不愿写、惧怕写，直至最后拒绝写的恶性循环。

一、英语写作教学的原则

初中英语写作教学应当遵守以下原则。

（一）整体性原则

依据整体性教学思想，英语作文是由"听、说、读、写"四个因素有机组织在一起的，听说练习可以为英语写作培养良好的语感，大量的阅读可以为英语写作提供丰富的词汇，因而在英语教学中必须注意四者的整体性。

（二）渐进性原则

由于学生认知能力、思维能力、语言能力的发展是一个渐进的过程，因此英语写作要遵循由简到繁、由易至难、逐步深入的规律。在写作教学中，可由简单的造句、仿写到引导写作，最后到自由写作。

（三）创造性原则

写作过程是一个创造性思维的过程。教师应把培养学生的创新精神和创造性思维能力作为主要的教学目标之一，在设计教学时，应尽可能多地利用现代教育手段创设写作情境；在组织学生研究讨论、互评时，要不断启迪学生有创意的写作思路。

（四）层次性原则

在教学过程中，教师要根据学生学习能力的差异，做到因人而异、因材施教。针对学生写作能力差异大这一实际情况，教师可以将学生分为优等生、中等生和学困生三个层次，这样在课堂教学及作业布置等方面就可以做到有的放矢，使不同层次的学生的写作素质都有所提高。

二、英语写作教学存在的问题

当前的初中英语写作教学存在两个方面不容忽视的问题。

（一）学生方面的问题

学生在写作过程中暴露出以下弱点：（1）语法错误多，主要是动词时态和单复数的错误。（2）用词不当，主要是对同义词的内涵意义或联想意义把握不准，或对词语的理解不够，分不清哪些是非正式的口语化的词语。（3）汉语式思维影响了英语表达，有些学生习惯把汉语一字不差地译成英语，找不到英语中能够充分表达该意思的地道的词语或表达方式。（4）对英汉文化差异不敏感，写出了让以英语为母语的人根本无法理解的句子。（5）句式趋于单调，缺乏变化，常以简单句为主，不能根据需要灵活自如地选择其他各种句式结构。（6）语篇结构松散，布局零乱，词句断断续续、孤立、重叠，读来索然无味。

（二）教师方面的问题

部分教师对英语写作教学不够重视。由于初中英语教学内容较多，许多英语教师为了节省时间不断压缩写作教学，课堂上用于指导学生写作的时间较少；对学生写作能力的训练方法不当；批改学生作文时只注重语言的准确性而忽视对其他写作技能的指导；英语写作常被当作课外作业，导致多数学生对英语写作感到茫然，不清楚英语作文如何下笔，久而久之，在无形之中挫伤了学生学习英语写作的热情。

　　此外，教师教学方法的滞后影响着学生英语思维的拓展。在实际的英语教学进程中，许多教师没有重视对学生的英语思维能力进行多方位、多角度的训练，未能采取有效方法增强学生英语思维的广阔性、深刻性、发散性和创造性，从而使学生的英语写作存在句型误用、语法不通等诸多问题。教师对学生的写作作业缺乏有效的评价方法。在写作教学中，学生交上作文后，教师评改的重点往往在词汇、语法与拼写等方面，而忽略了学生在整个写作过程中思维能力的培养。教师要研究有效的评价方法，让学生在整个写作教学过程中成为积极的参与者，而不是被动的接受者，真正提高其写作水平。

第二节 初中英语写作教学规划

写作是口头交际的书面再现，能够反映书面表达和传递信息的交际能力。培养学生的写作能力是英语教学的目的之一。写作是目的性很强的社会行为，如果学生将来连E-mail都不会写或连个人简历都不会填，又怎能适应未来社会的竞争？因此，如何有效地进行英语写作教学、提高学生的书面表达能力就成了初中英语教师在写作教学中亟待解决的问题。

一、英语写作教学的整体规划

语言在用笔写下之前一直是潜意识中的东西。同时，教学实践表明，英语写作是学生综合能力的书面体现，需要一个长期复杂的训练过程。因此，培养学生的写作能力不能一蹴而就，而要在平时从学生的实际水平出发，有目的、有要求、有检查、有反馈地进行，由易到难，循序渐进。

（一）初一年级的写作训练重点

初一年级学生词汇量的累积还不够，对英语的语言感知能力还很弱，因此，英语写作训练的重点应放在抓基本功的训练和激发学生的写作兴趣上。严格要求学生正确、规范地书写；熟练地进行组词成句、组句成段练习；要求学生套用句型写出最简单的短句，并根据写作要求收集、准备素材，简单地描述人物和事件。

（二）初二年级的写作训练重点

初二年级学生有了一些语言基础，写作训练的重点就应放在培养学生的审题能力、表达能力上。要求学生能用正确的语法、语气简单地描述人物和事件，用词正确，文从字顺，格式规范；培养学生写出常见体裁的短文，描述人物和事件，简单地表达自己对事物的见解，并学会在教师的指导下进行修改。

（三）初三年级的写作训练重点

初三年级要求学生能写出连贯且结构完整的短文，叙述事情或表达观点和态度；指导学生遣词造句，在写作过程中做到文体规范、用词正确、语句通顺；引导学生比较详细和生动地用英语描述情景、态度或感情，阐述自己的观点、评述他人的观点；要求学生在写作中恰当地处理、引用资料及他人的原话，能做非专业的笔头翻译。

二、英语写作教学的实践

（一）注重学生写作兴趣的培养

教育心理学认为，兴趣是学习中最大的情绪力量，是培养学生创造精神的原动力。写作相对比较枯燥，让学生在初始阶段喜爱写作是教师备课中最为重要的环节。这就需要教师在课前花大量时间和精力，针对不同阶段学生不同的年龄和心理特征精心设计一些开放性的写作活动，对学生进行低起点、小步子、容量适中、快速反馈的训练，帮助学生获得成功，激发不同层次的学生对写作的兴趣。

评价是教学的组成部分和推动因素，它有利于学生从被动接受评价者转变为评价的主体和积极参与者。因此，写作训练中还需充分运用激励机制，使学生获得成就感，增强自信心，如书法规范及漂亮者优、标点符号正确者优、典型句使用恰当者优等。教师要通过评价学生的写作发现学生字、词、段、文方面的优秀之处和可取之处，而且评价、欣赏是让学生充分享受写作过程的不可或缺的一个方面，如把优秀作品张贴在教室墙上供大家参阅；朗读学生范文给全体同学听；把学生作文本中的好句子抄到黑板上，并注明出自何人之手，然后大家一起欣赏。这样，学生会因自己的作品被别人欣赏、赞美而获得极大的成就感，从而激发学生进一步写作的热情和兴趣，使学生从惧怕写作到乐于并善于写作，真正走出英语写作困境，进而全面提高自身的英语写作能力。

（二）注重每个阶段不同的侧重点，精心设计英语写作教学

俗话说："没有规矩，不成方圆。"根据以往的教学实践，很多学生的书写都不规范，这种随意性也给学生今后的发展带来了很多不利因素，因此，对于初一年级这个写作初始阶段，重视学生书写的规范性是非常必要的。教师要在写作教学中严格要求学生正确、端正、熟练地书写字母、单词和句子，注

意大小写和标点符号，词间距一致，行距适中，段首缩进4~5个字母所占的位置；同时讲清楚各种文体的特点和格式，使学生规范自己的书面表达，养成良好的书写习惯。通过这样坚持不懈的训练，呈现在教师面前的是一份份干干净净、整整齐齐的书面习作，批改时给人的感觉很舒服。

对于初一学生来说，英语写作教学设计的重点更多地放在学生组词造句、组句成段的练习上。在写作课的教学上，可以经常有意识地要求学生通过阅读来归纳描写不同的人与事物所用的单词和词语，紧接着把这些单词和词语分别写在黑板上，指导学生用这些单词和词语尽可能多地造句，在学生掌握基本句型能写出正确的简单句之后，再根据刚才的组词造句练习，给出一篇类似的提示，让学生通过小组活动的形式进行组句成段。

此外，书本上有些句型对学生的写作很有帮助，要求学生套用句型写出最简单的短句也是对学生的基本功训练之一。比如，在学了"There be..."这个句型后，可以给学生展示几幅形象生动的图画，让学生用"There be..."句型表达图画里都有什么。可以先让学生口头表达，最后一幅图让学生在自己的习作本上写下来。通过这种训练，初一学生也会自己根据写作的要求收集、准备素材，简单地描述人物和事件了。

为提高学生的英语写作水平，初二年级的英语写作教学需要将语篇分析纳入课文教学，这是一种从整体到部分、自上而下的教学方法，即从理解整篇内容入手，分析句际、段际关系，然后分段找出中心句和重要信息。教师可以在课上有意识地安排一定数量的课文概要写作练习，挑选出课文中的一些关键词，给出主题句，让学生连词成句、连句成篇，并做到以课文题材为中心，使文章前后连贯。这会对增强学生的写作技能起到很大的推动作用。

同时，教师要指导学生在审题时全面、准确地把握题目所给出的信息，加以分析、整理，明确主题，列出要点，不得遗漏。此外，还要注意题目所要求的人称、时间、地点、人物等信息，不要急于下笔，避免用错；更要厘清题目的要求，以便根据不同的题材、体裁，写出不同格式、风格各异的文章。写作时，不少学生对于一些单词和词语不会写就空在那里，针对这种情况，教师应要求学生尽量选出自己有把握的词，尽量使用简单句。如果有的单词不会写，有的思想不会用英语表达，可以设法绕开，最好找一个同义词、同义句或近义词、词组短语来代替，让学生学会变通处理，变难为易。

初三年级的英语写作教学除了沿用初二年级的教学模式外，还要为学生提供自由发挥的平台。在语篇分析结束后，教师要鼓励学生用英语畅所欲言，用简短的句子来表达自己对人和事物的看法，并且听了学生的陈述后要把要点写在黑板上。在此过程中，教师需要适时提问以启发学生思考，对有新意的发言给予充分的肯定。初三学生对英语语言表达已有了一定的基础，教师应对学生的写作渗透遣词造句、表达规范方面的指导。教师可采用平时积累的学生习作或范文来点评，指导学生用词要适当，不可逐句提示汉译英，亦不可生拼硬凑；同时指导学生根据各句之间的关系，适当地加上一些连词，以使行文自然流畅，如and、or、but、because、so、after、before、when、then等。

除此之外，采用范文讲解的方式时，教师还要指导学生在写作时注意时态、语态及各种句式的交替作用，以使文章得体、表达流畅。一般来说，记叙文记叙的是已经发生的事情，应以过去时为主；通知表达的是将要发生的事情，应以将来时为主；说明文阐明的是事实，应以现在时为主。

（三）注重写作训练的多样化

在新编初中英语教材中，写作内容依据各单元话题分插在每单元的最后一课。要提高学生的英语写作能力，仅仅在这一课里进行英语写作教学是远远不够的。因此，在每种课型的教学设计中，教师都应有意识地穿插写作教学。比如，在听力教学中，充分利用听力材料作为笔头训练。有些听力材料比较长，可以将其改为填空练习，或是补充所缺的句子，让学生在写句子的过程中得到训练；或者让学生自己组织语言来复述听力材料；还可以要求学生把对话改写成一篇短文，在改写过程中，提醒学生注意时态、语态、人称和前后的逻辑关系，并且尽量利用对话中出现的新词汇和新句型。

在阅读教学中，利用阅读教材对学生进行写作训练是一个行之有效的方法。通过阅读学生可以扩充词汇，扩大知识面，增强语感，从而汇集大量的语言信息，在此基础上教师可以指导学生进行扩写、仿写、续写、改写及缩写。这样既锻炼了学生组织篇章结构、处理句子间逻辑关系的能力，又提高了学生语言的精练度，增强了学生的写作能力。

（四）注重单词、词组及固定短语的积累

单词、词组及固定短语是写作的基石，注重这方面的积累尤为重要。有些学生对单词的拼写并不重视，结果写作文时往往会有一种提笔忘字的感觉。写

出的单词有很多都不正确，也就谈不上选好短语、行文流畅了。为避免这种情况的出现，对于一些固定短语和典型句型，教师在平时的教学中除了应让学生多加操练，还应要求学生认真默写，也可利用每堂课前3～5分钟采用游戏的形式进行滚动式操练和复习，同时利用各种句子进行一句多译的训练。

要写好一篇文章，多读书是十分重要的。俗语说："熟读唐诗三百首，不会作诗也会吟。"英语写作也是如此，多阅读多练笔非常重要。在平时的教学中，教师可适时地让学生限时阅读一篇简短的小故事，在轻松和愉悦中让学生了解与掌握一些好词好句，同时通过阅读开阔视野，提高知识，并丰富思想与感情，提高观察分析的能力。这样，在写作时学生便不会无话可说、无法表达了。

（五）注重对学生作文的批改方法，加强指导

教师批改是写作教学的有机组成部分。批改学生作文时教师要做个有心人，把错误详细归类，分析出错的原因，及时进行有针对性的讲评。对个别写作基础薄弱的学生，可以实施面批。另外，学生错题库的积累很重要，因为这些错误均是他们平时易犯的错误，教师可以过一阶段就从中抽出一部分，以单句改错的形式让学生再做一遍，以使学生加深印象，避免再犯类似的错误。教师还可将有典型错误的学生作文直接放到投影仪上，让学生集体批阅，当场发现并解决问题，这样既直观又节省时间。在每单元的写作课上，教师还可以让学生进行即时作文，当场写作，当场讲评。

一次修改就是一次提高。教师要经常鼓励和指导学生对自己的作文进行修改，把自己的文章通读一遍，找出不连贯的地方加以完善，如检查时态是否正确，主谓是否一致，再注意格式、拼写和标点；然后以四人一组的形式进行互改，发现错误及时修改；最后由教师对学生的作文进行修改。这既有助于减轻教师批改作业的负担，又有利于学生写作水平的提高。

笔者在写作训练中遵循了"低起点、小步子"的原则，在步与步之间铺设台阶，构建一个个小的教学层次，由易到难，循序渐进，教学实践的效果非常明显，对照以往学生同期的写作情况，学生不管是在写作习惯上还是在写作技巧和技能上都有了明显的进步。因此，只要教师平时对学生的写作训练给予高度重视，并帮助学生形成有效的写作策略，学生的写作能力定会得到有效的培养和提高。

第三节 初中英语写作教学设计

英语写作是英语教学的重要内容，也是教学过程的重要环节，不仅可以检验学生的语法表达和词汇积累量，还可以检验学生的思维能力和语言组织、表达的能力。由此可见，英语写作是对学生综合能力的考查，对学生的英语学习和综合素质发展起到非常重要的作用，教师应为学生设计出更多能够提升学生英语写作能力的新方法。

一、活跃英语写作课堂气氛

在以往的英语教学课堂中，沉闷、枯燥的课堂氛围难以激发学生学习的兴趣和积极性，英语写作这一重点、难点的课堂教学更难激发学生的学习热情。因此，教师应改变以往的教学模式，不断更新和变换新的、有创意的教学模式，为学生提供新颖、富有情趣的教学课堂，以吸引学生的注意力，激发学生学习英语写作的积极性和热情。初中阶段的学生童趣心理仍未减退，教师应抓住初中阶段学生的这一心理特点，在课堂中穿插学生感兴趣、富有童趣的教学案例。

例如，在进行"making friends"这一写作教学内容之前，教师可以首先通过一个"热身活动"，播放一段与朋友、友情相关的动画片，以活跃课堂气氛，激发学生的兴趣；然后顺势让学生思考与friends有关的单词、短语和句子，以开发学生与"making friends"写作内容相关的思维。同时，教师可以给予学生提示，如"What is his/her friend like？""Where does he/she come from？""name，age and looks"等，然后让学生进行写作。通过穿插学生感兴趣的动画片和歌曲，不仅可以激发学生学习英语写作的兴趣，还可以使学生了解friends和friendship的意义。

二、加强学生英语写作基础的训练

英语写作需要大量的词汇积累和正确的语法表达，因此要提升学生的写作能力，首先要加强学生英语写作基础知识的训练，重视学生词汇量的积累和语法表达的正确性。在进行英语写作教学时，教师要不断增强学生词汇量的积累和语法表达的准确性。在进行英语写作基础知识训练时，教师可以通过穿插小游戏的方式让学生对一些常用的词汇和短语反复地听、说、读、写，以增加学生的词汇量。

三、丰富英语写作的教学形式

在教学过程中，如果教师的教学形式一如既往、毫无创新，会使学生失去学习的热情和积极性。因此，教师在进行英语写作教学过程中应不断创新和丰富教学形式，以保持学生对英语写作的热情和积极性。教师可以充分利用课文对学生进行写作讲解，分析课文中一些重点句子的结构和句型，引导学生在写作时加以利用，让学生学以致用。针对学生的口语表达能力训练，教师可以在课文讲解结束后，要求学生用英语对所学的课文进行口头复述，表达课文的主旨内容，以提高学生的英语表达能力，为英语写作奠定坚实的基础。

第四节　初中英语写作教学的实施

受传统英语教学观念的影响，目前，许多初中英语教师对写作教学的重视程度较低，导致学生的写作能力较差。一方面，教师缺乏对学生进行写作技巧的教学，没有将写作摆在重要位置，使学生在写作中没有形成正确的思路，经常出现用词不当、逻辑混乱以及意思表达不明确等问题；另一方面，教师的重视程度不够使得学生缺乏写作的热情，没有养成良好的写作习惯。因此在教学中，教师应重视对学生写作能力的训练，具体策略有以下几项。

一、合作教学法在写作教学中的运用

（一）合作教学法的意义

一方面，在传统的写作教学中，教师一般给定具体题目和内容的要求，学生缺乏写作的动机，写作的兴趣较低。而合作教学法的引入弥补了传统写作教学的不足，为学生创造了轻松的写作环境，学生通过小组合作，集思广益，取长补短，既不用担心写作中没有头绪，也不用担心出错，逐渐培养起写作的兴趣，激发写作的积极性。另一方面，通过对小组合作方法的运用，学生就话题进行联想和讨论，可以获得大量与话题相关的信息，并从中选出最值得运用的信息，确定文章的框架和大致内容，充分解决了以往写作中不知如何下手、逻辑混乱、表达不清等问题。同时，小组合作还能有效地预防学生在写作中出现的语法错误。小组成员之间相互沟通，当发现彼此有语法错误时，及时提出并进行更正。此外，写作水平的提升是以听、说、读为基础的，这三项训练做好了，写作水平就会得到提高。例如，有的学生喜欢阅读，在阅读过程中积累了大量相关知识，在写作中，这些知识就会起到重要作用，有效地提高作文的质量。除此之外，合作教学法还能为学生创造合作活动的情境，提高学生的团队合作意识，学生不仅要对自己负责，还要对其他成员负责，从而增强了学生的责任感。

（二）合作教学法在初中英语写作教学中的应用

合作教学法要求在教学中强调学生的主体性，需要在课堂上充分调动学生学习的积极性，以提高课堂教学的质量。例如，教师可以给各小组提供优秀范文，小组集体研读范文，学习讨论范文的结构、逻辑和语言，通过合作教学提高学习效率。教师还可以让学生比较分析英汉两种不同语言的写作方式。汉语写作倾向于背景铺张，强调背景主题的渲染和情景交融；英语写作往往直奔主题，强调写作内容的充实性。通过合作学习，分析、讨论各种不同的写作特点，可以让学生了解和学习不同的写作风格。在学生分析、讨论后，教师针对范文和小组讨论结果进行写作技巧的点评。各小组收集与主题相关的信息，讨论段落布局和文章如何展开，然后汇集细节，列出写作提纲，共同写出初稿。初稿完成后，教师对初稿进行综合点评，引导学生提出修改建议，帮助学生进行合作写作。

二、阅读教学法在写作教学中的运用

（一）阅读教学法的意义

阅读教学法就是将阅读教学同写作教学联系起来，使二者相互融合，让学生通过阅读学习语言词汇、语法知识、文章结构、写作风格等，掌握语言素材，培养写作能力。阅读教学法的目的是让阅读与写作相互融合、相互影响、相互促进，使学生的作文内容充实、连贯通顺。当学生的阅读量达到一定规模，掌握的语言知识和信息就更加丰富，文章就更加自然、流畅。教师通过阅读教学不断引导学生拓宽阅读面，可以帮助学生提高阅读的针对性。

（二）阅读教学法在初中英语写作教学中的应用

阅读教学法实施的前提是帮助学生养成良好的阅读习惯。不同的学生兴趣爱好千差万别，这就要求教师根据不同学生的特点制定不同的方法，引导学生养成良好的阅读习惯。阅读教学法要求教师为学生提供丰富的阅读材料，采取科学有效的方法对学生的阅读进行引导。英语和汉语属于不同的语言系统，在发音规则、语言表达上存在巨大差异。通过阅读，学生可以充分了解和掌握英语与汉语的这些差异，养成正确的英文表达习惯，使写作更加规范。

三、背诵教学法在写作教学中的运用

（一）背诵教学法的意义

背诵教学法有助于增加学生的词汇量，帮助学生增强表达的生动性和灵活性。英语写作不仅需要学生掌握单词，更需要学生学习语法，养成英文写作习惯，并对词汇进行灵活运用。通过背诵美文，学生可以积累大量的写作材料，增强英语语感，养成英语思维，避免写作中的语言汉语化。背诵是一个思维的过程，只有在理解文章的基础上，才能达到倒背如流的程度。通过背诵，学生可以充分了解和学习英语语言的规范、辞藻、情景，掌握英语语言的韵味，形成英语的实际运用能力。

（二）背诵教学法在初中英语写作教学中的应用

背诵教学法要求学生把词汇放到篇章中去理解和记忆。当背诵大量美文时，由于很多词汇反复出现，学生的记忆会更加深刻。背诵教学法包含很多方法，如模仿法、改错法、改写法等。模仿法就是通过背诵学习文章的细节、词汇的搭配等，进行写作模仿，巩固学习。运用改错法时，教师可以先引导学生背诵一段文章，然后提供给学生具有若干语言错误的文章，要求学生对错误的地方加以辨识和改正。通过改错，可以提高学生的整体语言能力，促进学生由被动的记忆变为主动的掌握。改写法就是针对教材中的一些文章，让学生照此内容进行扩写、简写，引导学生在背诵的基础上提高写作能力。例如，教师可以引导学生改变文章的人称，如第三人称改为第一人称，并对文章进行复述，然后对掌握的材料进行提炼、加工、概括，把原材料变成自己的语言。

四、牢记写作策略，熟用写作技巧

（一）仔细审题，确保时态正确、要点完整

审题是写作至关重要的第一步。在审题时，学生首先要注意体裁和时态的关系。英语表达对时态的要求颇为严格，不同的体裁对应不同的时态。学生应仔细分析后初步拟出草稿，切忌匆匆下笔。

（二）注意中英文之间的行文差异

英美国家的人习惯开门见山，把话题放在最前面，以引起听话人或读者的重视，呈现"起笔多突兀，结笔多洒脱"的追溯式语篇结构。学生应在文章的

开头就说明文章的主旨，直抒胸臆，切忌拐弯抹角地先说一大堆不相关的话，最后才落到主题。

（三）尝试多样化的表达方式

在英语修辞学中，用主语开头的句子称为"主语领先句"，常用"主—谓—宾"或"主—系—表"结构。这是学生从开始接触英语时就学到的句式。它是最基本、最常用，也是很多学生唯一能信手拈来的句式。但若这种句式从头到尾地贯穿在书面表达中，习作就会显得单调乏味。我们可以引导学生尝试其他句式来突破单一句式，使文章生动活泼、结构紧凑，如倒装句、强调句和大量复合句的使用都可使文章增添许多亮点。

（四）常用过渡语的应用

在很多学生看来，作文仿佛是句子的任意堆砌。他们不知道构成语篇的句子必须是相互关联的，而这些关联必须借助连词来实现。学生应养成思考句子之间逻辑关系的习惯，适当运用一些连接词。

（五）做好四件事

在写作过程中，学生一定要做好四件事：首拟草稿，构思要点，罗列主要单词和短语，考虑句与句之间如何过渡。要细读草稿，活用写作技巧，为文章增添亮点。这好比是骨架、血肉和衣服的关系。首先，要保证骨架完整、血肉丰满；其次，要力求衣着鲜亮、光彩照人。草稿的书写必须工整、清楚，要仔细检查，绝不马虎。

总之，学生写作能力的培养是初中英语教学的重点。初中英语教师应不断提高自身素质、更新教学理念、钻研教材、尝试新教法；同时要尽可能多地了解学生的特性和喜好，发挥他们的主观能动性；还要结合其他学科，联系社会和生活实际，挖掘和积累教材以外的教学资源。只有这样，教师才能教得灵活、教得有特色，学生才能学得有兴趣、学得出色。

第八章

初中英语教学创新思维培养

08

第一节　创新思维培养的理论依据

众所周知，创新教育总的来说就是培养创造力的教育。近年来，教育改革的核心和焦点已经集中于创新这一层面。在今天知识经济时代，我们更要加强培养学生的创新思维及创新能力，而创新能力要靠教育来挖掘。

在教学过程中，在借鉴前人教学经验的基础上，教师要用创新精神来改革教学方法，把创新思维和创新能力的培养寓于全部教学过程之中，让学生学会学习。一方面要保护和激励学生的想象力、好奇心；另一方面要保护和激励学生的求知欲，开发学生的潜能，培养他们探索和创新的能力。在教学过程中，教师要注重学思结合，善于运用心理学和教育学的理论知识来培养学生良好的身心素质及有利于创新的优秀心理品质。

一、创新思维的含义

创造力是人成功地完成某种创造性活动所必需的心理品质，也是创造型人才的重要特征。在当前全面推进以培养学生创新精神和实践能力为核心的素质教育的新形势下，把握影响创造力形成和发展的主要因素，探索培养学生创造力的有效途径与方法，既有一定的理论价值，又有重大的实践意义。

创造作为一种心理现象，是有其活动过程、活动方式、活动结果和能力要求的。个体的神经系统，尤其大脑是创造力的物质基础，为创造力的发展提供了可能性。创造需要知识的大量积累，知识越多越有利于创造力的发挥。创造意识则能结合创新思维将创造的原理与技巧化作个人的内在习惯，变成一种自觉行为和生活方式。创新思维作为一种思维活动，既有一般思维的共同特点，又有不同于一般思维的独特之处，突出表现在求异性、联想性、发散性、逆向性等方面。创新思维是从事创造活动和取得创造成果的关键。培养和开发创新思维，首先要扩展思维的视角，还必须提高想象能力。

创新是一种创造性思维的活动。任何一项创新活动都首先表现为对客观事物本质的认识，表现为对客观事物发展变化规律的揭示，并由此达到对未来趋势的准确把握。同时，创新必须遵循自身固有的规律。人们创新意识的形成、创新能力的提高必须建立在创造性思维及其能力提高的基础上。知识经济时代的创新，既是人类创新活动的延展，更是一种升华，同时要求思维科学的不断发展。

二、初中英语新课标提出要加强创新思维的培养

英语新课标的理念强调关注人的发展，明确体现了基础教育对创新能力的关注。培养创新精神是基础教育阶段英语课程的任务之一，也是新课程标准中的一个基本理念。创新思维能力的提高能使学生更好地理解和掌握语言学习的规律，进而达到运用语言进行交际的目的。在教学中开展创造性的学习活动，将培养创新精神贯穿于教育教学行为，是优化英语教学的重要内容。新课标还强调"着重提高学生用英语进行思维和表达的能力"，让学生有思考、发挥的空间，要求学生主动参与、主动探究、主动学习。通过创新能力的培养，学生可以通过自主学习、自觉领悟，创造性地应用语言，变语言学习为语言应用，达到英语语言学习的最高境界。在英语教学中，遵循新课标的创新理念，完善教学模式，改变教学策略，对培养学生独特、灵活、积极的创新思维具有十分重要的意义和作用。

第二节　创新思维培养的目标

一、帮助初中生形成正确的自我意识

自我意识往往标志着个性的形成，是个体的自我感觉因素。正确的自我意识能增强学生的自信心，让学生更正确地认识自我，对创新思维能力的培养具有促进作用。学生要充满乐观和自信，这样才能以正确的自我意识进行创造，否则，消极和自卑不利于形成正确的自我意识。教师除了要多观察学生、多思考外，还要在教育教学中充分发挥自己的主导作用，引导学生充分自由地发表见解，营造民主的教学气氛，增强学生的主体意识，这样才能帮助学生形成正确的自我意识。另外，教师还要照顾到每名学生的特点，一方面要统一要求，另一方面要因材施教。

学生除了正确全面地认识自我，积极地悦纳自我，还要善于倾听他人对自己的评价，不断地自我反思、自我发展，积极地提升自我，促进良好自我意识的形成。

二、培养初中生健全的人格

健全的人格是创新活动的心理保障。培养健全的人格已经不仅仅是个人的需要，更是时代发展的需要。一名人格健全的学生应该具有积极向上的人生观，其思想、作为、言行也应该是协调一致的，能够把个人的需要和愿望、目标和行为很好地统一起来。认识自我、完善自我的意识，积极进取、奋发向上的人生态度，谦虚好问、大胆实践的个性品质，这一切都有助于创造潜能的开发。人格是一个人心理能力的总和，教师要使教育关系人格化，促进学生全面发展，培养学生健全的人格，为他们搭建与创设施展才华的舞台。

三、培养初中生创新的兴趣

兴趣是人在探索、认识事物时所产生的一种浓厚的忘我的乐趣。这种乐趣能够使人主动自觉地投入某种活动，注意力高度集中，得到强烈的满足，甚至达到忘我的程度。兴趣是点燃智慧的火花，是克服困难的一种内在心理因素，是学习知识的动力。许多科学家从小就培养对科学的浓厚兴趣，他们抓紧一切时间刻苦学习，放弃了玩乐、游戏……正是因为对科学的浓厚兴趣，他们才能从科学研究中体会到无穷的乐趣和愉快，这种乐趣和愉快是他人无法体会的。正如居里夫人所言："科学的探讨与研究，其本身就含有至美，其本身给人的愉快就是报酬，所以我在我的工作里面寻得了快乐。"

假如一个人对他所从事的事业一点兴趣也没有，他就不可能有科学家那如醉如痴、坚持不懈、废寝忘食的劲头，也不可能有战胜一切困难的精神，创新思维也就无从谈起，更别说培养创新精神。因此，兴趣是最好的老师，是创新活动的催化剂。

第三节 创新思维培养的构成要素

一、鼓励与培养学生的求异思维

研究表明，思维是创造的关键，是我们面对问题的思考，由已知走向未知的路径。思维可分为发散思维、聚合思维，形象思维、抽象思维。发散思维即求异思维，就是追求思维的多样性。发散思维和聚合思维的统一就是创造性思维。创造性思维又是形象思维和抽象思维的统一。教师在教学中要培养与锻炼学生的创新思维及创新能力，让学生多动手、多参与、多操作，培养与锻炼他们判断推理、分析综合的能力。

（一）求异思维是创新思维的核心

求异思维是创新思维的核心，没有求异就无所谓创新。教师应鼓励学生标新立异地回答问题，敢于说出自己的独特见解，引导学生从不同角度、不同思路去思考、探索。例如，教师让学生对其提出的问题各抒己见，展开热烈讨论，鼓励学生发表自己的见解。在课堂教学中，作为教学组织者的教师应多采用课堂讨论的形式，积极鼓励学生创新，让学生用自己独特的见解来回答问题，训练学生的求异思维能力。

（二）鼓励学生的求异思维，要善于设疑问难

"学贵知疑，小疑则小进，大疑则大进。"教师要在初中英语课堂教学中培养学生积极求异的思维能力，就应多设信息沟，每一个教学步骤都层层递进，可根据语言材料或教学内容，设计灵活性较大的思考题，以便让学生进行讨论、辩论、争论，这样一方面能调动学生的积极性，另一方面能训练他们的求异思维能力。当学生兴致勃勃地进行学习时，他们就会不畏困难、积极主动，这时教师应不失时机地加强语言信息的刺激，给学生创造学习英语和创新思维的氛围。

（三）教师应给学生以创设问题的空间

教师应鼓励学生问问题，帮助学生消除紧张心理，给学生以创设问题的空间，不仅要告诉学生问问题的方法，也要做问问题的示范，要站在学生的角度去问"问题"，并引导学生多角度思考，自己找出问题的答案，把课堂提问的主动权还给学生，鼓励学生质疑、思考，培养学生的创新精神。在课堂训练中，教师还可通过逆向、多向、横向、纵向、变换、动态等思路以及补、改、比、变等方法活化训练，打破学生的思维定式，提高学生思维的灵敏度，全面灵活地培养学生的创新思维能力。

二、发展学生的想象力

教师应该多鼓励、赞扬学生的"异想天开"，而不能泼冷水；应引导他们标新立异，想别人没有想到和没有做过的事情，从而激发他们的创新欲望。想象在日常生活中必不可少，想象力是创造奇迹的源泉。爱因斯坦说过："想象力比知识更重要，因为知识是有限的，而想象力概括着世界上的一切，并且是一切知识的源泉。"初中学生的想象力常有一定的局限性，具有情节简单而不稳定的特点，面广而不深入，夸张性强而创造性弱，需要教师给予正确的引导和培养。教师要善于丰富学生的生活，多给学生提供一些自由创造的机会，让学生进行一些佳作欣赏，给学生创设一些激发想象力的氛围、提供一些感性材料，关注学生的发展。这些做法都有利于学生想象力的发挥。

有一种现象，在中国，如果教师提出一个问题，10个学生回答问题，他们的答案往往相差不太多；而在外国，如果教师提出一个问题，10个学生一般能够讲出20种答案，这些答案中有些想法甚至离奇古怪。从这个现象中我们可以看出，我国的教育较注重学生求同思维的塑造，而国外教育较注重学生求异品质的培养。有研究表明，想象力比知识更为重要，它是知识进化的源泉。要培养学生的想象力，教师就要善于挖掘教材中的创造性因素，让学生积极运用所学，探索求异，大胆想象，坚持独立见解，积极创造。比如，在学习居里夫人、爱因斯坦等著名人物的传记文章时，教师就要尽量引导学生了解概括主人公的个性和成功因素，引导他们思考这些因素与主人公在平凡的工作和劳动中善于发明创造的关系，让其想象如果没有这些发明创造，世界将会怎样，并进行积极讨论。

三、培养学生敏锐的观察力

观察是人类感知外界信息的最重要过程。自然信息只有经过科学观察，才能进入人的认识领域而成为科学研究的现实基础。观察是我们认识世界、进行创新的基本方法，在教学中教师要注意培养和提高学生的观察力。

"自然喜欢躲藏起来"，古希腊哲学家所言极是。如果只是像辛勤采蜜和酿蜜的蜜蜂那样学习，未必就能觅得科学的真理。敏锐的观察与思考在创新活动中是必不可少的，达尔文也曾风趣地说，大自然一有机会就是要撒谎的。要想取得一定的成绩，观察就要细致、独特、敏锐。达尔文的生物进化论就是建立在敏锐观察的基础上。在五年的环球旅行中，达尔文不断认真地观察，在南美洲加拉帕戈斯群岛的物种中采集到26种雀，其中25种雀都是另外一种从北美洲迁居来的雀的变种，因其生活在不同的岛屿，所以嘴的形状与大小略有差异。除鸟类外，昆虫、龟等的情况也大抵如此……敏锐的观察把达尔文引向了对神秘的物种起源问题的思考，最终提出了生物进化论。

第四节　创新思维培养的基本策略

一、确立学生的主体地位，培养创新思维能力

（一）建立新型师生关系，营造宽松的学习氛围，激发创新思维

自由宽松的学习氛围是学生发展个性的土壤，学生的创造力要想有所发展必须有自由宽松的氛围。在初中英语教学中要想培养学生的创新思维，教师就要为学生提供良好的学习环境，积极地、自觉地营造一种平等、宽松、和谐、民主的课堂气氛，创造性地设计课堂教学。教师在英语教学中必须更新观念，把自己定位为学生的合作者、鼓励者、引导者，做学生的朋友，以积极而饱满的情感投入教学，深入钻研教材，挖掘和运用教材中的一切情感因素，运用生动形象、风趣幽默的教学语言，让学生在自己的手势、动作、表情中感受到热情、和蔼、尊重、理解和关爱，从而使学生消除一切心理障碍，轻轻松松地学，无拘无束地问，畅所欲言地谈，争先恐后地答。教师要善于捕捉"思维的火花"，尊重学生的个性发展，还要善于欣赏、引导、鼓励，最大限度地调动学生的积极性，挖掘他们智慧的潜能，并采用一系列鼓励措施，给学生创造一种自由轻松、充满情感的课堂氛围，激发学生的创新欲望和热情，从而使他们的创新思维得到培养和发展。

同时，师生之间要建立亲密融洽的关系。所谓"亲其师，信其道"，在教学中，教师一方面要培养自身良好的心理素质；另一方面要把真挚的爱传递给学生，给予学生鼓励与信任，使学生体会到师生双方的平等。在初中英语教学中，教师应以发展的眼光和观点肯定学生取得的点滴进步，从听、说、读、写多方面评价学生，真诚地鼓励学生再接再厉，不要吝啬讲出good、excellent、well done、not bad等表达赞扬的词语。教师可以让学困生上黑板做一些题目，课上回答一些问题，上台表演一些对话，这些题目、问题和对话的难度要适

当，这样他们一般都能很好地回答和表演，然后教师及时给予表扬和鼓励。教师在课堂上应当多用"Try again""Don't worry""Take it easy""I think you can do it well next time"等语句，从而使不同学生都能体验到成功的喜悦和自身的价值。罗杰斯说："成功的教育依赖于一种真诚的理解和信任的师生关系，依赖于一种和谐的安全的课堂气氛。"师生之间亲密融洽的关系更有利于学生增强学好英语的信心，产生创新的勇气，让学生自然而然地融入教师所创设的民主、宽松、和谐的教学氛围中，放飞思想，放飞激情，忘我地去探索。

例如，在讲几个有关学习场所的实验室laboratory、图书馆library、音乐室music room、电脑室computer room等名词时，由于这些都是学生熟悉的场景，先以学校的相应地点来导入，之后要求学生以这些地点为话题进行大量的句型练习和口语表达；学生大胆设想在实验室做各种实验，用计算机来处理生活中遇到的事情的情景并进行表述，在语言实践的情境中进行创新。这充分体现了培养学生创新思维所产生的效果。

（二）坚持落实学生的主体地位，培养创新思维

教师要坚持落实学生的主体地位，信任学生、尊重学生，使学生主动并积极地发展；坚持主体性原则，变课堂为民主学习与自主讲练相结合；变单纯传授知识为传授知识与培养创新思维相结合；让学生从沉重的学习负担中解脱出来，挺起腰板走路，抬起头来听课，给他们以较充足的创造与想象的时间；坚持共性与个性并进，既注意对共性的全面全体的培养，又注意对个性的发展，尤其重视对创造个性的培养。学生从小就有许多个性表现：有的人不怕困难，独立性强，自信心足；有的人坚持性强，情绪稳定而热烈，有较强的探索动机。但这些优秀品质往往被学生的任性、顽皮、古怪、内向等超出常规的现象所掩饰，因而常常得不到教师的肯定与赞赏。因此，教师应注重培养初中生良好的个性心理品质，注重学生整体素质的培养，不要只是表扬那些听话、顺从的学生，还要经常鼓励、关爱那些敢于提问、时常有新观念并且有坚持性的学生，使他们的创造个性得到充分发展。

在实施创新教育的过程中，教师是主导，学生是主体。但是教师的主导作用不是体现在课堂上控制学生，而是主要体现在课程教学的设计上。教师的角色要转变为学生学习的"组织者和指导者"，多采用商讨的语气启发学生自主地探索学习内容。教师要做学生的朋友，做到教学相长，因材施教，尊重每一名学生；同时要有创新意识和实践能力，要为人师表。教师不能只满足于让学生学习已有的知识、已有的内容，而应使学生有新的创造、新的发现；还要有诚实正直、谦虚谨慎、平等待人、善于与学生沟通的职业人格品质。

在初中英语课堂教学中，教师需要更新理念，只有对学生的主体作用与教师的主导作用进行有效的统一，不断培养学生探究、发现、解决问题的能力，探索课堂教学的新方法、新思路，才能培养学生的创新思维。只有教师在教学中真正树立了创新意识，学生的创新思维才能得以培养，其创造个性才能得以发挥。

在教与学的过程中，教师与学生为了完成共同的学习目标而积极互动。其中，学生是整个教学活动的中心，始终处于主体地位，而教师则是学生进行主动学习的引导者、促进者，师生实现共同发展。因此，教师一定要最大限度地发挥学生的主动性，使他们主动参与、积极学习，满足他们的需要，重视他们的情感体验，让他们成为每一种教学活动的行为主体，在教学过程中积极地发现问题、探索问题和解决问题。创新教育要求教师采用启发式、讨论式教学方法，善于激发学生的学习兴趣和内驱力，引导学生自主地进行创造性学习；充分调动学生的主动性、积极性，让学生投身到学习、训练的具体行动中去，引导学生创造性地学习语言。在教学过程中，教师要转变传统的教育观念，使用恰当的教法，灵活娴熟地驾驭教材，重视思维训练，落实学生的主体地位，让学生以主人翁的姿态进行活动，使师生双方交融在一起，从而营造一个和谐愉悦的课堂气氛。在这样的氛围中学生会体验到学习中的平等、民主、尊重，他们的思维会高度活跃与兴奋，创新火花会不时闪现，创新思维已见雏形，久而久之，就能逐步形成创新能力。

例如，在教学中，初中学生往往混淆两个"有"，即"have"和"there be"，这时教师可以适时地引导他们进行创造性的学习，引导他们查找与搜索含有这两个结构的多个例句，再进行分类，寻找它们的相似与不同之处。这一过程也是学生自主学习的过程，能够使他们发现"there be"表示存在的"有"，而"have"表示某人拥有的"有"。这样能充分调动学生学习的主动性，引导他们进行创造性的学习。

（三）教师理念的更新

1. 确立恰当的评价标准

传统的教育观念认为，好学生往往是那些对教师的话言听计从、循规蹈矩、学习成绩好的学生；相反，那些不服从教导与指挥、好动、不负责任、粗心大意、破坏公物的学生往往被视作"学困生"或"差生"。从心理学角度分析，这些学生所产生的一些问题常常是由其心理年龄特点决定的。在初中生发育的某些心理年龄上，他们会表现出一些与教师和家长的期望不一致、与社会公认价值观不一致的行为。另外，初中生逾越常规的所作所为往往孕育着丰富的想象力、可贵的探索力和创造力。如果我们对待这些行为只是简单粗暴地制止，不但效果不好，而且可能会扼杀学生的想象力和创造力。对学生的这些行为，教师应该积极引导，让他们敢于质疑，做一名追求个性和自我价值实现的初中生。在这一点上，教师需要更新理念，正确看待学生，不简单地只拿分数和表面现象以及传统标准来定位好学生或坏学生。

2. 坚持创新性原则

在素质教育课堂教学中，教师要创造性地教，学生要创新性地学，师生双方共同营造一个有利于培养创新能力的良好的、和谐的、民主的环境。在教学方面，教师要采用讨论、启发、调研、竞赛等方式优化教材教法，一方面要传授知识；另一方面要教给学生知识创造的规律，培养学生发现知识、获取知识的能力，形成一种民主的、宽松的、和谐的课堂氛围。课堂上教师要给予学生一定的自由度，使他们能自由地、主动地想象、思索、选择、发问和行动。教师要善于引导、鼓励学生的创新思维，对学生的反常思维方式和任性顽皮要善于宽容与理解；加大在物质方面的投入，为学生提供创造性活动的时间、空间和材料，同时为学生安排集体活动之外的参加自由活动的时间、空间和材料；为学生提供必要的场所，带领学生参观、玩耍、游览，接触大自然和真实的社会；为刚刚升入初一年级的学生提供各种材料和实物教具，以此来激发他们的创造力和想象力。在环境方面，教师要多用能引发创新思维的感观刺激，如发明家、创造家的头像、抽象画及他们成长史的介绍等。

二、精心设计教学，为学生提供创新机会

课堂教学是培养学生创新思维的主阵地。在新课改理念的指导下，教师作为课堂学习的组织者和指导者，要牢固树立创新教育思想，依据所教学科的特点和学生实际，创造性地设计学生学习的每一个环节，让创新思维的火花在课堂上点燃，使学生在宽松、愉悦、自主的学习氛围中增强创新精神和创新思

维，发展和提高创新能力。

（一）情境教学法

情境教学法是教师在课堂上设置一些真实性和准真实性的情境来帮助学生学习与使用知识的教学方法。在教学过程中，教师要有目的地引入和创设一些具体的场景，这些场景要具有一定的情感色彩，以便帮助学生理解知识，培养技能，启迪思维，发展想象，并使学生的心理机能得到发展，达到教学目的。情境教学法可以激发学生的学习兴趣，是初中英语教学的有效方法。

教师应该努力营造有利于培养学生创新思维和创新能力的课堂氛围，在教学中设法激发学生学习英语的内部动机，从创设丰富多彩的教学情境入手，采用灵活多样的教学手段和方法，引发学生学习英语的求知欲，使学生聚精会神地投入课堂教学活动的每一个步骤中，从而使教学进入学生自我管理和高效自学的良性循环中。

在初中英语课堂教学中，教师可以设置舞台，提供样板，引导学生创新。例如，在讲"Go shopping"这一话题时，教师可以围绕这一话题设计丰富的思维训练题，放手让学生自己去创造；将学生分成几个表演小组，每个小组设一名负责人，在小组中负责人组织学生充当各种各样的角色，如售货员、顾客与朋友，运用教师板书上或课文里的句子进行表演，深入角色。教师告诉学生涉及购物用语和谈论货物好坏的表达时，注意使用课本中的知识。这样设计教学，能使课本知识与现实生活相连接，既让学生获得了英语基础知识，又培养了学生的英语交际运用能力。表演完毕后，教师和学生一起参与小组讨论，探讨他们的所得所失。在课堂讨论后，教师有针对性地对学生的回答做出恰当的评价，引导他们积极发挥所长，提高能力，培养他们的创新思维。

情境教学法引导学生进行自主探究性学习，发挥学生学习的主动性，消除学生因为缺乏语言环境而产生的畏难情绪，可以提高学生的学习积极性以及分析和解决实际问题的能力，增强英语课堂教学的有效性。

在平时的课堂教学中，教师可以尝试采用以下几种创设情境的教学策略。

1. 运用游戏创设情境

游戏注重过程的体验，在赋予学生娱乐体验的同时，也能促进学生认知、情感和生活技能的发展，使学生更快地吸收知识、更有效地学习，是英语教学的一种重要辅助手段，非常受学生的欢迎。因此，在英语教学中尤其在初一年级巧妙运用游戏，能培养学生的学习兴趣，有效地激发学生的创新意识，让学生树立自信心并促进学生的全面发展。在英语课堂教学中创设游戏情境能用较短的时间达到最佳的效果，使学生达到乐、学、练的结合，在适宜的情境中激发学习动机，启发思维和想象力，发展多种能力，对培养学生的情感与个性都有很大的好处。另外，英语游戏多种多样，需要教师善于动脑，处处留心，在教学中多创设一些游戏情境，这样不但能激发学生的兴趣，还能培养学生的创新思维能力。

2. 利用多媒体教学手段创设情境

创设必要的教学物质基础，显然是有效地和高质量地进行教育教学的条件。在新课程教学中，借助多媒体能实现英语教学的"多信息、高密度、快节奏"，极大地提高课堂的教学效率，也有利于提高教师自身的素质。

3. 利用故事创设情境

利用故事创设情境能增添课堂教学趣味。故事一般都有生动的情节、吸引人的内容，包含着丰富的情感，同时蕴含着一定的与学科相关的语言知识。利用故事创设情境不仅能吸引学生进入学习情境，让课堂充满趣味，而且符合学生的心理特点（以形象思维为主）和学生学习语言的认知特点。因此，教师可以在英语课堂教学中利用故事创设尽可能真实的情境，采取多种活动形式贯穿整个课堂，使新知识在故事中不断重复，以此激发学生的兴趣，提高教学质量。故事教学能使学生进入某种角色，感到不是在学英语，而是在用英语与别人交际，因此，故事教学能培养学生的语言表达能力。只要教师在教学中善于挖掘，单词、课文、句型等内容都可以设计成有趣的故事，使学生饶有兴趣地配合教学。运用英语讲故事能帮助学生建立起外语语感，也是一种创新思维和语言活动。

4. 运用英语歌曲创设情境

运用英语歌曲不仅能渲染和烘托教学气氛，还能稳定学生情绪，调节课堂节奏。英语歌曲有很好的韵律，能提高学生学习和模仿的积极性，促进学生掌握地道的、口语化的英语。英语歌曲还能为英语教学提供丰富多样的资料，但教师要选择恰当的英语歌曲。

当然，创设英语课堂教学情境的方法还有很多：表演创设——丰富学生的阅历；简笔画创设——改变学生对于英语枯燥的印象；音乐创设——让学生进入想象的世界；等等。总之，教师可根据教材内容精心设计、认真创设与学生学习内容和生活实践相契合的情境，并灵活运用它来组织课堂教学，以给课堂带来良好的学习氛围。好的情境设计能够让学生置身于美妙的学习氛围，感受语言，享受到语言沟通的快乐。因此，教师在创设情境时，不能为了创设情境而创设情境，或者只是简单地让学生感受自己主观认为较好的情境，而要巧妙地将授课内容与实际生活相联系，给学生搭建一个"活动的舞台"，绽放语言的魅力，让学生在情境中学习知识、运用知识、巩固知识，提高英语语言的实际运用能力，使课堂生动活泼起来，使学生的创新思维得到全面的发展，有效地提高课堂教学效率。

（二）任务型教学法

任务型教学是以任务为载体将语言应用的基本理念进一步转化为实践的课堂教学模式。在任务型教学中，教师围绕着一些特定的语言和交际项目，设计出具体可操作的明确的任务目标，并构成一个有梯度的连续活动；学生通过多种多样的语言活动形式，如合作、询问、沟通、表达、协商、交涉等来完成任务，有效地习得语言，最终达到学习和掌握语言的目的。

任务型教学法是在吸收以往多种教学法优点的基础上形成的，它与其他教学法并不是互相排斥的。这种教学法以任务组织教学，让学生在"用"中学，"做"中学，在每个任务的履行过程中，学生都以多种多样的方式来学习，如体验、参与、互动、合作、交流，既能充分发挥学生本身的认知能力，又能调动他们已有的语言资源，让他们在实践中认识、感知、应用语言，体现了较为先进的教学理念，给课堂教学带来了活力。任务型教学法能够促进学生积极地参与交流活动，拓宽知识面，有效培养学生的语言综合运用能力，不失为一种有效的外语教学方法。

人的创新思维只有在创造活动中才能表现出来。所以，教师要精心准备，周密组织，在课堂教学中使用任务型教学方法，使学生进行自觉、自主、创造性的学习，不断开拓学生的思路，从而多层次、多角度地培养学生的创新思维能力。

在英语课堂教学中，教师可以采用多种方法，通过多种途径，引导和激励全体学生主动参与，锐意创新，以达到同学之间相互弥补、借鉴、启发、点拨，形成主体交互思维网络的目的。任务型教学是在一定条件下促进学生运用语言进行交际、提高学生创新思维能力的有效途径之一。它充分体现了以学生为主体、以学生的发展为本的教育理念。任务型教学的学习过程充满了反思、自省和顿悟，教师根据学生不同的水平层次，设计出不同的任务型活动，最大限度地调动了学生的内在因素，提高了他们发现问题、解决问题的能力，很好地发展了他们的认识策略，培养了他们的参与意识和合作精神，让他们在完成任务的过程中获得了成就感，体验到了成功的喜悦，实现了自我价值。

（三）合作学习法

合作学习是一种面向全体学生的教学模式，有利于学生全面有效地开展语言实践活动。孔子曾提出"独学而无友，则孤陋而寡闻"。现代心理学认为，课堂上有三种学习情境，分别是合作、竞争和个人学习，其中最佳情境就是合作的学习情境。合作学习是这三种学习情境中最重要的一种学习情境。利用现行英语教材，引入合作学习，可以充分开拓学生的思路，培养学生的创新思维。

小组合作学习是非常奏效的一种英语学习方式，是目前教育教学中普遍采用的一种富有创意和实效的教学理论与策略体系。它既能调动学生的学习积极性，又能帮助学生提高学习效果。这种学习方式让学生在合作中动手、动脑、动口，有利于培养学生的交往能力和合作意识，让同学之间取长补短，相互配合，互相启发，彼此沟通。小组合作学习使学生对枯燥的学习内容感到饶有兴趣，给学生提供了一个自主参与和表现的机会，拓展了学生的创新思维，提高了学生的创新能力。

合作学习变被动学习为主动学习，可以运用在教学的方方面面，如研究性学习、语言点处理等。合作学习给学生提供了充分获得教师和同学协助的机会，使学生全员参与，在教师的精心指导下进行师生互动、生生互动，完成教学任务。教学过程中，教师可以就教材内容组织师问生答、学生互问互答、学生自问自答以及让学生谈谈自己对文章的看法等，也可以让学生抓住语篇的"扩点""异点"和"疑点"进行补充、延伸、联想、评价培养学生的批判性思维。这些活动的形式虽不拘一格，但目的都是培养学生多角度、多层次的创新思维能力，让学生在不断的探索中提高合作学习的水平。

1. 合理分组

在小组合作学习中，合理分组是非常重要的。教师可以根据学生的性别、能力、爱好、成绩等把他们分成若干小组，将不同层次的学生适当搭配，通常为一名优等生、两名中等生、一名学困生进行搭配，其中一名学生担任负责人。另外，要保证组与组之间的差异尽量小，经过一段时期的教学，可将小组成员进行微调，让组与组之间的竞争和评比尽量公平合理。

2. 体验与合作

并非所有的教学内容都适合进行小组合作学习，教师要因教材而施教，选择合适的时机、合适的内容让学生进行小组合作学习。在小组合作的过程中，每个学生都要有效参与进来，小组成员要进行适当分工，确立目标，有所侧重，让每个成员都有愉快的学习体验与感受。

3. 方法的引导

教师要精心组织合作学习，避免学习的无效行为，引导学生在充分发表自己见解的基础上学会分析判断、整理和归纳，引导学生在反思与深化的基础上发现学习上新的更深层次的问题，引导学生提高学习的实效与效率，让不同层次的学生均得到发展，达成学习目标。教师不但要在方法上进行引导，还要在学习程序上和教学组织中进行引导。

总之，只要教师注意合理的分工、方法的指导，在实践教学中设计好需要思考的问题和合作讨论的内容，把握时间和空间，就一定能发挥小组合作学习的效能，使各个水平层次的学生在小组合作学习中民主互动，合作探究，获得锻炼与发展，在小组合作学习中体验学习的乐趣，培养创新思维。

（四）合理运用多媒体教学手段

多媒体具有直观性、生动性、交互性等特点，是一种新型教育教学手段。恰当使用多媒体有利于拓展教学内容，提高课堂教学效果，培养学生的思维能力，发掘学生的创造力。在制作多媒体教学课件时，教师会将自己的创造力融会其中，激发学生的兴趣和创造欲望，以教师的教学创新启发学生的学习创新，从而培养学生的创新思维。笔者在制作课件介绍各国主要标志物时，设计了"See the World"板块，这是一个了解世界窗口的教学板块，呈现了世界各国的风景。在用此课件教学时，笔者让学生用英语说出每个国家的名字以及对这个国家的了解，并且简单地叙述该国的风土人情，注重学生创新思维能力的培养。教师要在教学中创造性理解所教学科的知识的内容与结构，根据实际情况创造性地设计教学方法，并结合学生的心理发展特点和已有的知识经验活化教材，创造性地教。

总之，英语教师要把英语教学活动作为培养学生创新思维和创新能力的活动，将创新教育的理论和英语学科的教学紧密结合，在英语教学实践中积极探索新思路、新途径、新方法来实施创新教育，培养学生的开拓精神和创新思维，引导他们探究、发现、解决问题。"星星之火，可以燎原"，让我们点燃学生智慧的火花，让创造的种子在学生的心中扎根、发芽。

三、合理整合英语教材，在体验中提升能力

现行初中英语教材突出以人为本、授之以渔的教学观，体现了以学习者为中心的教育理念和模式，形成了一套循序渐进的紧密联系生活的学习程序，融会话题、语言结构和交际功能，让学生以英语思维学习英语，为师生打开了一片新天地。但无论是自编的教材还是引进的教材，都会有一定的局限性，如时间、地点和内容的局限，所以教师不能过度依赖教材。知识的更新周期在不断地缩短，在接到新教材时，教师应合理地筛选、整合教材中的教学内容，有增有减，弥补其不足。教师要创新性地使用教材，跳出教材，超越教材，以便让基础差的学生跟得上，让基础好的学生掌握得更多。

现行人教版英语教材对学生的要求比较高，需要他们有一定的英语基础。尽管教材在刚开始时提供了三个预备单元，但内容上衔接还是太快，尤其对于英语基础薄弱的学生来说，词汇量较大，而且在字母的学习起始阶段，音标、字母、单词、句子和对话全部出现，学生学习起来特别吃力。另外，这套教材的涉及层面较广，教师切分课时比较困难。同时，这也为教师创造性地使用教材、展示处理教材的智慧搭建了平台。英语新课标强调使学生在义务教育阶段英语学习的基础上进一步发展"综合语言运用能力"。综合语言运用能力是指语言技能、语言知识、情感态度、学习策略和文化意识五个素养的有机结合与互相促进。这也要求教师在平时的备课过程中合理地使用和整合教材，而不要被教材牵着鼻子走。教师要了解学生现有的知识结构和水平，有时同一年级不同的两个平行班的学生也不能使用完全相同的一份教案。因此，教师在教学中需要对教材进行合理整合，通过任务型教学，让学生在体验中提升创新思维能力。例如，在学习"When is your birthday？"时，教师可结合任务型教学法，首先课前准备好一份日历，然后在课堂上通过让学生进行采访、问答练习，在

日历上标注同学或好友的生日，教师一边巡视一边指导。通过以上环节，教师既让学生练习了多个月份与日期的英文表达方式，又丰富了本单元的教学内容，提高了教学效果。另外，教师还可以把教材中的教学内容和现实生活相结合，激发学生认知的兴趣，从而提高教学效率。

此外，教师课后要善于总结，写课后反思，记录教学中的成功和失败以及有待改进的做法，以利于今后的课堂教学。

四、加强听、说、读、写训练，注重教学互动

目前使用的"Go for it！"英语新教材体现了新课标的学习理念，注重交际，设计新颖，将话题、结构、功能进行了有机整合，同时内容贴近生活实际，容易激起学生的兴趣。新教材在编排结构上以话题为中心，打破了原有教材的模式，把一个单元看作一个整体，确立一个中心话题，整体性较强，所有内容都围绕这个中心话题展开系列听、说、读、写活动，这为教师搭建了很好的平台来进行教学互动。英语新课标倡导任务型教学活动，让学生在教师的指导下由浅入深地学习、有目标地发展，为学生提供学习语言知识、操练语言技能和形成思维概念的机会。坚持有目的、有计划、有步骤地对学生进行系统的听、说、读、写训练，激发学生的学习兴趣，充分调动学生的学习积极性，并给予学生正确的指导，有助于全面提高学生综合运用英语的能力，提升教学质量。

要培养学生的听、说、读、写能力，教师就要在课堂上尽量改善英语学习环境，多用英语来组织教学，使学生在课堂上敢说和愿意说，在其他同学回答问题时也要注意多听和多思考。在回答教师提出的问题时，学生难免会犯一些小错误，这时教师要注意纠错的艺术，不要一发现学生的错误就立即打断来纠正，要讲究一定的科学性和宽容性，捕捉学生表达的闪光点，多用一些纠错的策略，并鼓励他们自行纠错，保护学生的学习热情。在用一些听力材料练习听力时，教师应布置相应的听力任务，促进学生更好地理解知识；课余时间鼓励学生收听英语广播，观看英语节目；设计一些活动，如英语角、英语广播、英语夏令营等；让学生多做一些写作练习，平时多写日记、多写信或电子邮件，进行网上的交互活动；选择一些广泛多样、贴近学生生活、难易适中的阅读材料拓宽学生知识面，增加他们的阅读量，进行一些阅读训练的指导，将听、

说、读、写相互结合，培养学生的思维能力和理解能力。在英语教学中，听、说、读、写是相辅相成、密不可分的，教师要运用多种手段与方式进行教学互动，让学生的听、说、读、写技能综合发展，促进学生知识水平与能力的同步提高。

总之，教学互动使学生由"坐观式""坐享式""坐等式"的被动式学习向自主式、合作式、探究式的主动式学习转变，养成自主学习习惯，体会合作的快乐和优势，使教师在语言教学过程中实现教学相长。形式多样的互动活动使师生互相学习，共同进步，使教师整体素质和专业水平得到提高，逐步形成师生英语学习共同体，促进教育教学方式不断优化，有助于学生形成有效的学习策略。

第五节　创新思维培养应注重的问题

一、加强基础教育

创新思维培养应全面且持续，应贯穿整个教育过程，在基础教育阶段更为重要与迫切。有关心理学的研究表明，孩子早期形成的一些不良习惯如果不及时纠正，长大以后就很难改变。基础教育是素质教育的第一个环节，而且是重要的一环。国内外科学研究表明，创新能力是一种普遍的每个健康个体都具有的心理能力。中小学时期是学生大脑思维最活跃的时期，记忆力强、可塑性大，也是培养创新思维的最佳时期。所以，在树立正确创新素质教育观的基础上，教师要积极开展创新思维培养，要积极培养、扶植、强化初中生身上创造性的萌芽，不断提高其创新思维品质。

在创新思维品质的培养过程中，要使思维合理流动，从而提高创新思维能力，思维流动过程要求是合理的、不停顿的，要充分发挥学生的各种智力因素和非智力因素。有意识地培养各种不同形式的思维，使其水乳交融，密切配合，综合形成系统；强化创新意识，培养想象思维能力，进行发散思维和收敛思维的训练，多运用逻辑思维与辩证思维，多从书本上学习，多从实践中学习，多从有知识和有经验的人那里学习，这些都是提高创新思维能力的有效途径。广泛的兴趣、丰富的知识有助于更有效地进行创新思维。

二、创设实施创新教育的环境与氛围

（一）要创设良好的学校氛围

学校是培养人的阵地，是学生直接接受教育的场所，所以更应创设良好的创新教育氛围和环境，发挥环境育人的作用。学生创新思维的形成和创造能力的提高受到学校的培养目标、学风、学术气氛及管理体制等因素的影响。学校的橱窗、走廊等地方都可以布置得具有浓厚的英语文化学习氛围。学校还应积极创造条件设计一些英语课外活动,因为课外活动是一个能充分激发创新思维的重要途径,可以让学生充分运用英语进行交际,有助于学生创新思维的培养,让他们体会到学习英语的快乐以及用英语进行创造的愉悦。教师在组织学校英语课外活动时,可以充分利用身边的场景和实物让学生学习英语,通过制作英语小报、贺卡,自编自演英语小品以及写英语短信或者发送英语电子邮件等活动提高学生的英语学习兴趣和运用能力,让学生从在活动中单纯地学习英语知识转化为既在活动中用语言进行交际,又用英语进行创造。

(二)要创造艺术环境

良好的艺术环境具有"润物细无声"的效果。艺术环境能潜移默化师生的行为,激发师生的创造力,净化学生的心灵,产生强大的教育力量和感染力量。艺术环境是学校对师生进行创新教育最生动、最直接、最具体的教材之一。因此,我们要十分重视学校的环境整洁、井然有序、文明礼仪、文化氛围、艺术气息,让学生时时处处接受情感熏陶,促进学生创新思维的培养。

(三)要创设良好的家庭氛围

家庭是学生不能选择也不可回避的地方,是他们大部分时间都在其中度过的生活场所,家庭氛围直接影响到孩子的成长,对学生创新思维的培养具有重要作用。家长及家庭生活环境时时刻刻对孩子起着潜移默化的教育作用。适宜的家庭环境是培养孩子创新思维的基础和重要条件,良好的家庭气氛能促进孩子能力的发展,同时榜样也会起到巨大的作用。我国著名教育家陶行知先生说过:"处处是创造之地,天天是创造之时,人人是创造之人。"家长只要相信孩子天生是学习者,充分尊重孩子并发挥其主体性,不断更新观念,提高自身的创新思维和素质,把握住创新这一法宝,为他们创造一个和谐、充满情感的创新学习环境,那么他们将成为具有创新能力的复合人才。

和谐的富有创造性的情境是培养学生创新思维的重要条件,学校与家庭要相互配合,全方位地实施创新教育,营造实施创新教育的良好环境,培养高素质创新型人才,为社会发展做出应有的贡献。